# ASÍ ESCRIBIMOS

## A Writing Workbook for Beginning Spanish Students

Alice Mohrman Kosnik

Dorothy Sword Bishop, Editor

National Textbook Company
a division of *NTC Publishing Group* • Lincolnwood, Illinois USA

Published by National Textbook Company, a division of NTC Publishing Group.
© 1993, 1987, 1978 by NTC Publishing Group, 4255 West Touhy Avenue,
Lincolnwood (Chicago), Illinois 60646-1975 U.S.A.
Manufactured in the United States of America.

3 4 5 6 7 8 9 0 VK 9 8 7 6 5 4 3 2 1

# FOREWORD

*Así escribimos* is the first of two workbooks for Spanish pupils. *Así escribimos* and its sequel, *Ya escribimos,* contain writing exercises to help Spanish pupils develop and expand their knowledge of the structure of the language. Upon completing both books, the pupil will have studied all major grammatical concepts up to the subjunctive.

In *Así escribimos* the major emphasis is on the uses of verbs in the present tense. Person and number, noun-adjective agreement, and word order in statements and questions are also presented. The vocabulary is kept to a minimum so that students may concentrate on structure.

*Así escribimos* is especially suitable for first-year junior high or high school classes. The writing exercises will provide valuable reinforcement for students who have had previous audio-lingual instruction. No exercise requires completely original writing, but each does require students to manipulate the language. Lesson format is varied, much use is made of illustration, and occasional *crucigramas* and other *pasatiempos* are included to enhance learning.

Since the exercises do increase in difficulty, they should ordinarily be used in the order given. However, occasional order changes create no great problems, for plenty of review is provided as reinforcement.

For young students having their first experience in learning a foreign language, it is recommended that only one or two exercises be assigned at one time. Older students may be expected to handle longer assignments. Upon completing *Así escribimos,* they will all be ready to expand their knowledge of Spanish structure in *Ya escribimos.*

*Y ahora . . . ¡a escribir!*

Alice Mohrman Kosnik

# CONTENIDO

# Lección I — SALUDOS

VOCABULARIO    Buenos días., Buenas tardes., Buenas noches., Hola,
¿Qué tal?, muy bien, muy mal, así,así,
Adiós., Hasta luego., Hasta la vista., Hasta mañana., Hasta pronto

**I.**    Write three new sentences under each greeting. Use the words given in parentheses.

MODELO:   Buenos días, Antonio.
1. *Buenas noches*, Antonio.    (Buenas noches)
2. *Buenas tardes*, Antonio.    (Buenas tardes)
3. *Hola*, Antonio.             (Hola)

**A.**  *Buenos días*, Felipe.
1. _____    (Buenas tardes)
2. _____    (Hola)
3. _____    (Buenas noches)

**B.**  ¿Qué tal? *Muy bien*, gracias.
1. _____    (Así,así)
2. _____    (muy mal)
3. _____    (muy bien)

**C.**  Adiós, Ana. ¡Hasta *mañana*!
1. _____    (la vista)
2. _____    (pronto)
3. _____    (luego)

**II.**    Write the greeting you would use at each time of day indicated by the pictures.

Buenos días.          Buenas tardes.          Buenas noches.

MODELO:   Ana:   *Buenas tardes, Susana.*
Susana:   *Buenas tardes, Ana.*

**A.**    Marta:   _____
Elena:   _____

**B.**    Roberto:   _____
Tomás:   _____

**C.**    Sr. Méndez:   _____
Sr. Soto:   _____

1

**III.** Look at the facial expressions shown in the sketches and write the answer the second person in each conversation would give.

**muy bien**          **así, así**          **muy mal**

MODELO:  Ana:  ¿Qué tal?
        María:  _Muy bien, gracias._____.

**A.**  Sra. Delgado:  ¿Qué tal?
       Sra. Méndez:  _____.

**B.**  Ricardo:  ¿Qué tal?
       Eduardo:  _____.

**C.**  Luisa:  ¿Qué tal?
        Ana:  _____.

**IV.** How many ways can you say "goodbye" in Spanish? Study the list below, and write five different answers that Pepe could give to Juan.

**Adiós.**      **Hasta luego.**      **Hasta la vista.**      **Hasta pronto.**      **Hasta mañana.**

MODELO:  Juan:  Adiós, Pepe. Hasta pronto.
Pepe:  _Hasta mañana, Juan_.

**A.**  Juan:  Adiós, Pepe. Hasta pronto.
       Pepe:  _____.

**B.**  Juan:  Adiós, Pepe. Hasta pronto.
       Pepe:  _____.

**C.**  Juan:  Adiós, Pepe. Hasta pronto.
       Pepe:  _____.

**D.**  Juan:  Adiós, Pepe. Hasta pronto.
       Pepe:  _____.

**E.**  Juan:  Adiós, Pepe. Hasta pronto.
       Pepe:  _____.

**Lección II — ¿QUIÉN ES?**

VOCABULARIO: yo, tú, él, ella, Ud., nosotros, nosotras, ellos, ellas, Uds.

**I.  A.**  The Spanish subject pronouns are listed below:

yo — I
tú — you (familiar)
él — he
ella — she
Ud. — you (formal)
nosotros — we (masculine or mixed group)
nosotras — we (feminine)
ellos — they (masculine or mixed group)
ellas — they (feminine)
Uds. — you (plural)

Pretend you are the boy or girl pictured below. Study each sketch, and choose the pronoun from the following list that names the person or persons you are talking *about*. Write the pronoun on the line.

yo    ellos
él    ellas
ella    nosotros
nosotras

MODELO: _____él_____

1. _____
2. _____
3. _____
4. _____
5. _____
6. _____
7. _____
8. _____
9. _____
10. _____

3

**B.** Choose and write the appropriate pronoun you would use when speaking *to* the people pictured below. Remember that *tú* is usually used with people you normally call by their first names; *Ud.* is used with people you would call *Mr., Mrs.* or *Miss.*

tú                    Ud.                    Uds.

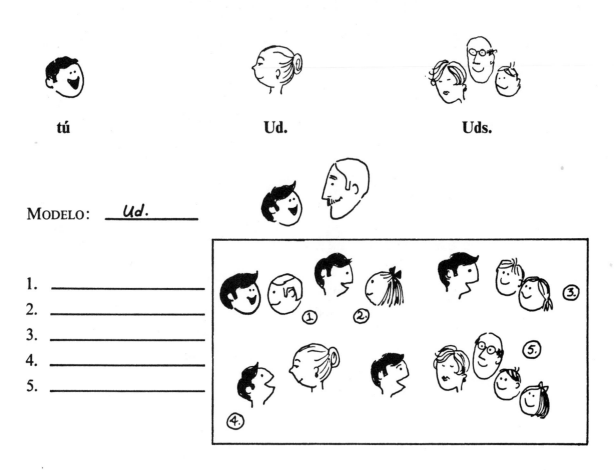

MODELO: ___Ud.___

1. _____
2. _____
3. _____
4. _____
5. _____

**II. A.** Pretend that you are *Jorge* in the following conversations. Depending upon the person or persons you are speaking *to*, fill in the blanks with *tú, Ud.* or *Uds.*

MODELO: Sr. Moya:  ¿Qué tal, Jorge?
             Jorge:  Muy bien, Sr. Moya, ¿y ___Ud.___ ?

1.        Susana:  ¿Qué tal, Jorge?
             Jorge:  Muy bien, Susana, ¿y _____ ?

2.    Sr. Morales:  ¿Qué tal, Jorge?
             Jorge:  Muy bien, Sr. Morales, ¿y _____ ?

3.    Sr. Moya y
   Sr. Morales:  ¿Qué tal, Jorge?
             Jorge:  Muy bien, señores, ¿y _____ ?

4.         Mamá:  ¿Qué tal, Jorge?
             Jorge:  Muy bien, mamá, ¿y _____ ?

5. Ana y Dolores:  ¿Qué tal, Jorge?
             Jorge:  Muy bien, Ana y Dolores, ¿y _____ ?

**B.** You are answering questions about people you know. Follow the models, and depending upon whom you are speaking *about*, write *él, ella, ellos,* or *ellas* in the blanks.

MODELOS:  ¿Qué tal Ana? _¿Ella? Muy bien._

¿Qué tal Sr. Gómez y Sr. Méndez? _¿Ellos? Muy bien._

1. ¿Qué tal mamá y papá? _____

2. ¿Qué tal Sr. Gómez y Sr. Goya? _____

3. ¿Qué tal Elena? _____

4. ¿Qué tal Sra. Goya y Sra. Mendoza? _____

5. ¿Qué tal Joselito? _____

## Lección III — ¿CÓMO ESTÁ?

GRAMÁTICA: estar (to indicate feeling)

VOCABULARIO: estar

**I. A.** The verb *estar* is used to show how someone feels. Choose the correct form of *estar* from the list, and complete each sentence.

yo — estoy

tú — estás

él, ella, Ud. (one name) — está

nosotros, nosotras, — y yo — estamos

ellos, ellas, Uds. (more than one name) — están

MODELO:  Ella **está** muy bien.

1. Yo _____ muy bien.

2. Él _____ así, así.

3. Ellos _____ muy mal.

4. Ud. _____ bien.

5. Nosotros _____ bien.

6. Tú _____ muy mal.

7. Papá _____ muy bien.

8. Papá y mamá _____ así, así.

**B.** Refer to the sketches next to each sentence. Fill in the blank with the appropriate form of *estar* and, judging by the facial expression in each sketch, write in *muy bien, así, así,* or *muy mal.*

MODELOS:

 Él **está así, así.**

 Ellas **están muy mal.**

 Nosotros **estamos muy bien.**

1.  Uds. _____.

2.  Nosotros _____.

6

3.     Tú _____ .

4.     Paco _____ .

5.     Patricia y Ana _____ .

6.     Yo _____ .

7.     Ud. _____ .

8.     Ella _____ .

**C.** Choose the proper verb form from the list in Section A and, following the model, write a question asking how each person feels. In Spanish questions, the subject follows the verb.

MODELOS:    tú    _¿Cómo estás?_   *

            María   _¿Cómo está María?_

            él    _¿Cómo está?_

1. él _____

2. tú _____

3. Juan _____

4. ella _____

5. Marta _____

6. Uds. _____

7. ellos _____

8. ellas _____

9. Ana y María _____

10. Jorge y Gonzalo _____

*NOTE: In Spanish, subject pronouns (with the exception of _Ud._ and _Uds._) are usually omitted because the verb form indicates the subject. (_Estás_, for example, can only be _tú_.) Subject pronouns may be included for clarification or extra emphasis.

**II. A.** Following the model, write the answer to each question. Answer each question as though it were directed to you or to you and another person. Begin each response with *estoy* or *estamos*, whichever is appropriate.

MODELOS: ¿Cómo estás, Paco?

*Estoy muy bien, gracias.*

¿Cómo están Uds., Paco y Alberto?

*Estamos muy bien, gracias.*

1. ¿Cómo estás, Jorge?

_____

2. ¿Cómo están Uds., Sr. y Sra. Fernández?

_____

3. ¿Cómo está Ud., Sr. Méndez?

_____

4. ¿Cómo estás, Belita?

_____

5. ¿Cómo están Uds., Paco y José?

_____

**B.** Answer the following questions about the people pictured. Notice that the verb forms are the same in both the question and the answer.

Remember that it is not necessary to write the subject pronoun in the answer, although it may be included for extra emphasis.

MODELOS: ¿Cómo está Paco?  *Está así, así.*

¿Cómo están Ana y Luisa?  *Están así, así.*

1. ¿Cómo está Juan?

_____

2. ¿Cómo están Sr. Gómez y Sr. Muñoz?

_____

3. ¿Cómo están Luisa y Margarita?

_____

4. ¿Cómo están Alicia y Juan?

_____

5. ¿Cómo está Srta. López?

_____

**III.** Choose from the list a logical sentence to write in each "balloon" to form a conversation.

Estoy muy bien, gracias, Sr. Gómez. ¿Y Ud.?
Él está bien, gracias, ¿Cómo está la Sra. Gómez?
Hasta luego, Sr. Gómez.
Hola, Juanita. ¿Cómo estás?
Estoy así, así, gracias. ¿Cómo está tu papá?
Está bien. Pues, hasta la vista, Juanita.

## Lección IV — ¿DÓNDE ESTÁ?

GRAMÁTICA: *estar* (to indicate location)

VOCABULARIO: la casa, la clase, la escuela, la mesa, el patio, el libro, la pluma, el lápiz

I.  A.  *Estar* is used to indicate the location of someone or something.

    EXAMPLE: ¿Dónde está María? — Where is Mary?

                 María está en la escuela. — Mary is in school.

yo — estoy
tú — estás
él, ella, Ud. (one name) — está
nosotros, nosotras, — y yo — estamos
ellos, ellas, Uds. (more than one name) — están

Choose the proper form of the verb *estar* to complete each sentence.

MODELO: Ella __*está*__ en la casa.

1.  Yo _____ en la clase.
2.  Alberto _____ en el patio.
3.  Tú _____ en la escuela.
4.  Uds. _____ en la casa.
5.  Felipe y yo _____ en la clase.
6.  El libro _____ en la mesa.
7.  El lápiz y la pluma _____ en la mesa.
8.  Elena y Carmen _____ en el patio.

B.  Refer to the sketches next to each sentence. Complete each sentence with the correct form of *estar* and the location indicated by the picture.

| en la casa | en la clase | en la escuela | en la mesa | en el patio |
|---|---|---|---|---|

MODELO: Ana __*está en la casa*__.

1.  Papá _____.
2.  Papá y mamá _____.
3.  Yo _____.
4.  Tú _____.
5.  Nosotros _____.
6.  La pluma _____.
7.  La pluma y el lápiz _____.
8.  Felipe y Marcos _____.

**C.** To ask where someone or something is, begin the question with *Dónde* (where), follow with the correct form of *estar* and the subject.

Choose the appropriate verb form from the list in Part A and write a question asking where each subject is. A written Spanish question requires two question marks. Copy the punctuation shown in the models.

MODELOS:   Ud. *¿Dónde está Ud.?*
   tú *¿Dónde estás?*
   ellos *¿Dónde están ellos?*

1. tú _____
2. ella _____
3. Juan _____
4. él _____
5. el libro _____
6. Uds. _____
7. ellas _____
8. Marta y Carmen _____
9. Ud. _____
10. nosotros _____

**II.  A.**   The following questions are directed to you. Refer to the sketches, use the phrases given, and answer the questions.

**en la casa**     **en la clase**     **en la escuela**     **en el patio**

MODELO:   ¿Dónde estás? *Estoy en la casa* .

1. ¿Dónde estás? _____.
2. ¿Dónde estás? _____.
3. ¿Dónde estás? _____.
4. ¿Dónde estás? _____.

**B.**   These questions are directed to you and a friend. Refer to the sketches in Part A and answer the questions.

MODELO:   ¿Dónde están Uds.? *Estamos en la casa* .

1. ¿Dónde están Uds.? _____.
2. ¿Dónde están Uds.? _____.
3. ¿Dónde están Uds.? _____.
4. ¿Dónde están Uds.? _____.

**III.** The verb *estar* must be used to indicate the location of a city, state or other place. Look at the map of South America. Answer each question, and tell where each city is located.

MODELOS:  ¿Dónde está Quito?

*Quito está en el Ecuador.*

¿Dónde están Santiago y Valparaíso?

*Santiago y Valparaíso están en Chile.*

1. ¿Dónde está Bogotá? _____

2. ¿Dónde están Lima y Cuzco? _____

3. ¿Dónde están La Paz y Sucre? _____

4. ¿Dónde está Montevideo? _____

5. ¿Dónde están Río de Janeiro y Brasilia? _____

6. ¿Dónde está Caracas? _____

7. ¿Dónde está Asunción? _____

8. ¿Dónde están Buenos Aires y Rosario? _____

12

**IV. Crucigrama:** Work the crossword puzzle as you would in English.
Refer to Lessons 3 and 4.

**Horizontales**

1. Estoy así-_____
2. estar: nosotros
3. Estoy muy _____
4. Juan está en la _____
5. María está en la _____
6. estar: él
7. Estoy muy _____

**Verticales**

4. estar: tú _____
8. Mamá está en el _____
9. Papá está en la _____
10. estar: ellos _____
11. estar: yo _____

# Lección V — ¿CUÁL ES?

GRAMÁTICA: articles, formation of plurals

VOCABULARIO: el, la, los, las, un, una, amigo (-a), muchacho (-a), profesor (-a), maestro (-a), rancho, perro, familia, burro, lección, alumno (-a), hay

I. A. All Spanish nouns are either masculine or feminine. Masculine nouns often end in -o and feminine nouns in -a. The gender of other nouns that do not end in -o or -a must be learned.

El and la both mean the. El is used with a masculine noun, la with a feminine noun.

Fill in the blanks with el or la.

MODELO:   __el__ burro
          __la__ mesa

1. _____ casa              6. _____ niño
2. _____ patio             7. _____ muchacho
3. _____ escuela           8. _____ profesora
4. _____ amigo             9. _____ pluma
5. _____ amiga            10. _____ libro

B. Rewrite the following sentences, changing the underlined words from masculine to feminine forms. Change the final o of the noun to a and the article el to la.

MODELO: El maestro está en la clase. _La maestra está en la clase_.

1. El niño está en el patio.      _____.
2. El alumno está en la escuela.  _____.
3. El muchacho está en la casa.   _____.
4. El maestro está en la clase.   _____.
5. El amigo está en el patio.     _____.

II. A. Un (a, an) is used with a masculine noun. Una (a, an) is used with a feminine noun. Rewrite the following sentences changing each underlined el to un, each underlined la to una.

MODELO: El muchacho está en la clase. _Un muchacho está en la clase_

1. El libro está en la mesa.         _____.
2. El perro está en el patio.        _____.
3. La profesora está en la escuela.  _____.
4. El lápiz está en la mesa.         _____.
5. El burro está en el rancho.       _____.

14

**B.** Fill in the blanks with *un* or *una*. (*Hay* means *there is* or *there are*.)

MODELO:   Hay __un__ muchacho en el patio.

1. Hay _____ libro en la mesa.
2. Hay _____ perro en el rancho.
3. Hay _____ familia en la casa.
4. Hay _____ maestro en la clase.
5. Hay _____ burro en el rancho.
6. Hay _____ profesora en la escuela.
7. Hay _____ pluma en la mesa.
8. Hay _____ muchacha en el patio.
9. Hay _____ niño en la casa.
10. Hay _____ señora en el patio.


**III. A.** To form the plural of a Spanish noun add *-s* if the noun ends in a vowel; add *-es* if the noun ends in a consonant.*

The article *el* becomes *los*; and *la* becomes *las* when used with plural nouns.

Change the article and the noun to their plural forms:

MODELO:   el amigo   __los amigos__

1. la pluma   _____
2. el perro   _____
3. la profesora   _____
4. el papel   _____
5. el burro   _____
6. el lápiz   _____
7. la familia   _____
8. la mesa   _____
9. el rancho   _____
10. la lección   _____

*NOTE:   Nouns ending in *-z*, change *z* to *c* before adding *es* (lápiz — lápices).
Nouns ending in *-ión* lose their accent mark in the plural (lección — lecciones).

**B.** Rewrite the following sentences, changing the underlined words from masculine to feminine forms. Change the final -*os* of the noun to -*as* and the article *los* to *las*.

MODELO: Los muchachos están en la casa.

<u>Las muchachas están en la casa.</u>

1. Los alumnos están en la escuela.

   _____

2. Los niños están en el patio.

   _____

3. Los amigos están en la casa.

   _____

4. Los maestros están en la clase.

   _____

5. Los muchachos están en el rancho.

   _____

## Lección VI — ¿CÓMO ES?

GRAMÁTICA: *ser* (used in description); noun-adjective agreement

VOCABULARIO: bonito (-a), guapo (-a), grande, pequeño (-a), bueno (-a), interesante, ser

I. **A.** The verb *ser* is used to identify someone or something. Fill in each blank with the correct form of *ser* chosen from the list.

> yo — soy
> tú — eres
> él, ella, Ud. (one name) — es
> nosotros, nosotras, y yo — somos
> ellos, ellas, Uds. (more than one name) — son

MODELO: Ella __es__ una muchacha.

1. Yo _____ un muchacho.
2. Tomás _____ un niño.
3. Tú _____ un alumno.
4. Ana y Elena _____ niñas.
5. Nosotros _____ amigos.
6. Ellos _____ profesores.
7. Uds. _____ muchachos.
8. Alberto y yo _____ amigos.
9. Ud. _____ una maestra.
10. Él _____ un amigo.

**B.** Look at the sketches next to each sentence. Complete the sentences with the correct form of *ser* and the words *un muchacho*, *una muchacha*, *muchachos*, or *muchachas*, according to the figure(s) in each sketch.*

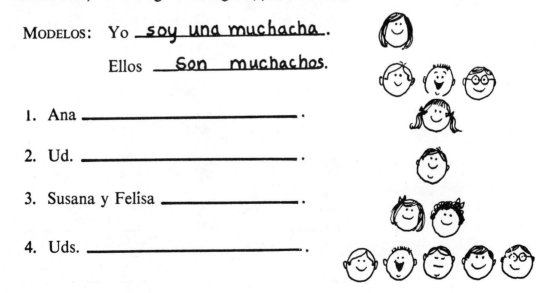

MODELOS: Yo __soy una muchacha__.

Ellos __Son muchachos__.

1. Ana _____ .

2. Ud. _____ .

3. Susana y Felisa _____ .

4. Uds. _____ .

*NOTE: The masculine plural form of a noun may refer to a group of men or boys, or to a mixed group.

17

5. Ellas _____.

6. Nosotros _____.

7. Tú _____.

8. Marcos y Pedro _____.

9. Nosotras _____.

10. Yo _____.

**II. A.** The verb *ser* is used to describe someone or something. In Spanish, adjectives must agree with the nouns. Adjectives that end in *-o* change the *-o* to *-a* when describing a feminine singular noun.

El libro es *pequeño*.　　El pluma es *pequeña*.

Adjectives that do not end in *-o* remain the same whether describing a masculine or feminine singular noun.

El libro es *grande*.　　La pluma es *grande*.

Complete the following sentences. Change the adjective, if necessary, to agree with the new subject. Study the model sentences.

MODELO:　El patio es bonito.

La casa **es bonita**

La muchacha _____.　　La niña _____.

El rancho _____.　　La muchacha _____.

El libro _____.　　El lápiz _____.

La casa _____.　　La amiga _____.

La profesora _____.　　El cuaderno _____.

**B.** Answer each question. If necessary, change the adjective to agree with the new subject. Study the model.

MODELO: La casa es pequeña, ¿y el patio? *El patio es pequeño, también.*

1. El papá es guapo, ¿y el niño? _____
2. El libro es interesante, ¿y la lección? _____
3. La mesa es pequeña, ¿y la silla? _____
4. La profesora es buena, ¿y el alumno? _____
5. El patio es bonito, ¿y la casa? _____

**C.** Plural adjectives, like plural nouns, are formed by adding -s if the adjective ends in a vowel, or -es if the adjective ends in a consonant.

pequeño — pequeños
pequeña — pequeñas
grande — grandes

Complete the following sentences. Change the adjectives *pequeño* and *grande* to agree with the new subjects in each exercise.

MODELO: Las casas son pequeñas.

Los ranchos _Son pequeños._____

1. Las casas son pequeñas.
   Las escuelas _____
   Los perros _____
   Las familias _____
   Los patios _____
   Los lápices _____

2. Los libros son grandes.
   Las familias _____
   Los perros _____
   Las mesas _____
   Las clases _____
   Los papeles _____

**D.** Following the model sentences below, change each sentence from the singular to the plural.

MODELOS: La casa es grande. *Las casas son grandes.*
         El niño es guapo. *Los niños son guapos.*

1. La muchacha es bonita. _____
2. El profesor es guapo. _____
3. La escuela es grande. _____
4. El libro es interesante. _____
5. El lápiz es pequeño. _____

## Lección VII — ESTE, ESE O AQUEL

GRAMÁTICA:   Demonstrative adjectives

VOCABULARIO:  alto (-a), bajo (-a), rubio (-a), moreno (-a)

I.   A.   Demonstrative adjectives describe nouns. They point nouns out and indicate where they are located. They agree in gender and number with the words they modify.

|  | *Singular* | |
|---|---|---|
| (m.) | (f.) | |
| este | esta | — this |
| ese | esa | — that (nearby) |
| aquel | aquella | — that (over there) |

|  | *Plural* | |
|---|---|---|
| estos | estas | — these |
| esos | esas | — those (nearby) |
| aquellos | aquellas | — those (over there) |

In the blanks below write the appropriate form of the adjective given at the top of each section.

MODELOS:   **esta** mesa
           **estos** muchachos

| 1. *este* | 2. *ese* | 3. *aquel* |
|---|---|---|
| _____ casa | _____ patio | _____ cuaderno |
| _____ perro | _____ alumnos | _____ pluma |
| _____ profesores | _____ amigas | _____ escuelas |
| _____ clases | _____ silla | _____ lápices |
| _____ familia | _____ rancho | _____ libros |

**B.** Rewrite the following sentences. Make every word plural.

MODELO:   Este perro es grande.   _Estos perros son grandes_.

1. Este burro es gris. _____.
2. Esta familia es grande. _____.
3. Ese libro es interesante. _____.
4. Esa casa es bonita. _____.
5. Aquel rancho es pequeño. _____.
6. Aquella escuela es buena. _____.

**C.** Put the scrambled words in the proper order to make a sentence.

MODELO:   Esta/grande/es/casa   _Esta casa es grande_.

1. es/familia/esa/pequeña _____.
2. interesante/libro/es/aquel _____.
3. grandes/casas/estas/son _____.
4. negros/perros/esos/son _____.
5. este/gris/burro/es _____.

## Lección VIII — ¿DE QUIÉN ES?

GRAMÁTICA: Possession with *de*; Contraction of *de + el*; Possessive adjectives

VOCABULARIO: el vestido, el suéter, la blusa, la falda, la camisa, los pantalones, los zapatos

**I.** Use of *de* to show possession:

In Spanish there is no apostrophe to show possession. *Mary's book*, for example, must be expressed as "the book of Mary."

Mary's book — el libro de María
John's mother — la mamá de Juan

NOTE: When *de* is followed by *el*, the two words are contracted to *del*.

The boy's book — el libro del muchacho
The teacher's pen — la pluma del profesor

**A.** Following the patterns given below, write a sentence for each pair of words.

MODELOS: el libro — Juan       la casa — Susana

Es el libro de Juan.     Es la casa de Susana.

la mamá — el niño

Es la mamá del niño.

1. la casa       Pedro          _____.
2. la escuela    los muchachos  _____.
3. la pluma      el profesor    _____.
4. la familia    Juanita        _____.
5. el perro      Elena y Pablo  _____.
6. el lápiz      Susana         _____.
7. el amigo      mamá y papá    _____.
8. el maestro    el muchacho    _____.
9. el papá       Marcos y Felipe _____.
10. la mamá      Antonio        _____.

**B.** Answer the following questions with a sentence stating that the underlined item belongs to the person whose name is in parenthesis.

MODELO:   ¿De quién es esta <u>falda</u>? (María) _Esta falda es de María._.

1. ¿De quién es esta <u>blusa?</u>          (Ana) _____.
2. ¿De quién es este <u>suéter?</u>         (Felipe) _____.
3. ¿De quién es este <u>vestido?</u>        (Patricia) _____.
4. ¿De quién es esta <u>camisa?</u>         (Juan) _____.
5. ¿De quién son esas <u>camisas?</u>       (José) _____.
6. ¿De quién son esos <u>pantalones?</u>    (Felipe) _____.
7. ¿De quién son esos <u>vestidos?</u>      (Elena) _____.
8. ¿De quién son esas <u>blusas?</u>        (Alicia) _____.

**II.** In addition to the use of *de*, possession may be shown by the use of the following possessive adjectives. Possessive adjectives precede the noun they modify and must agree in form and number with the thing possessed.

|  |  |
|---|---|
| mi | mis — my |
| tu | tus — your (familiar) |
| su | sus — your (formal); his, her, their |
| nuestro (-a) | nuestros (-as) — our |

Note that *nuestro* is the only possessive adjective that has masculine and feminine forms.

**A.** Write in the blanks the correct form of the adjective shown at the top of each exercise.

MODELO:   *tu*

_tu_ mamá
_tus_ perros

1.   *mi*
_____ familia
_____ libro
_____ papeles
_____ plumas

2.   *tu*
_____ casa
_____ patio
_____ sillas
_____ perros

3.   *su*
_____ mamá
_____ papá
_____ amigos
_____ amigas

4.   *nuestro*
_____ profesor
_____ profesora
_____ clases
_____ libros

**B.** Fill in the blanks with the singular forms of the underlined words.

MODELO: <u>Mis amigos</u> están en California. *Mi amigo* está en California.

1. <u>Mis profesores</u> están en la escuela. _____ está en la escuela.

2. <u>Tus perros</u> están en el patio. _____ está en el patio.

3. <u>Sus libros</u> están en la mesa. _____ está en la mesa.

4. <u>Nuestros amigos</u> están en Nueva York. _____ está en Nueva York.

5. <u>Nuestras familias</u> están en la Florida. _____ está en la Florida.

**III. A.** Now you know two ways to express possession. Rewrite each of the following sentences, using the correct possessive adjective in place of the "*de*" expression.

MODELOS: El libro es de Ud. *Es su libro.*

El libro es de Juan y José. *Es su libro*

El libro es de nosotros. *Es nuestro libro*

1. El suéter es de Paco. _____.

2. La blusa es de Ana y María. _____.

3. El vestido es de Ud. _____.

4. La camisa es de ellos. _____.

5. El sombrero es de nosotros. _____.

**B.** Rewrite the sentences below, using the new models as a guide.

MODELOS: Las casas son de Sr. Gómez. *Son sus casas*

Las casas son de Uds. *Son sus casas*

Las casas son de nosotros. *Son nuestras casas*.

1. Los libros son de Ana. _____.

2. Las plumas son de Uds. _____.

3. Los papeles son de Tomás y Paco. _____.

4. Las sillas son de mamá. _____.

5. Las mesas son de Paco y yo. _____.

**C.** Answer the following questions. Use the model sentences as a guide.

MODELOS: ¿Es tu libro? (Alfredo) *No, es de Alfredo*.

¿Son tus casas? (Alfredo) *No, son de Alfredo*.

1. ¿Es mi lápiz? (ella) _____.

2. ¿Es su familia? (Juan) _____.

3. ¿Es nuestra pluma? (mamá) _____.

4. ¿Son sus papeles? (Sr. Gómez) _____

5. ¿Son sus libros? (Ana) _____.

6. ¿Son nuestros cuadernos? (la profesora) _____.

**IV.** Using the "pointer" expressions listed below, see how many new sentences you can make by changing the underlined words in the model sentence. Be certain that you know the exact meaning of each new sentence.

| el | la | los | las |
|---|---|---|---|
| este | esta | estos | estas |
| ese | esa | esos | esas |
| aquel | aquella | aquellos | aquellas |
| mi | mi | mis | mis |
| tu | tu | tus | tus |
| su | su | sus | sus |
| nuestro | nuestra | nuestros | nuestras |

MODELO: Los libros están en la mesa.

*Mis libros están en aquella mesa.*

_____

_____

_____

_____

_____

_____

_____

_____

## Lección IX — ¿DE DÓNDE ES?

GRAMÁTICA: The use of *ser* (to indicate origin); the use of *estar* (to indicate location)

VOCABULARIO: Adjectives of nationality

I.  In addition to describing or identifying something, the verb *ser* is used to indicate the origin of someone or of something.

Soy de España. — I am from Spain.
El libro es de México. — The book is from Mexico.

A. Fill in the blanks with the proper form of *ser* chosen from the list below.

| | | | |
|---|---|---|---|
| (yo) | soy | (nosotros) | somos |
| (tú) | eres | | |
| (él, ella, Ud.) | es | (ellos) | |
| | | (ellas) | son |
| | | (Uds.) | |

MODELO: Yo __*soy*__ de España.

1. Ana y Elena _____ de Chicago.

2. Tú _____ de Illinois.

3. Yo _____ de México.

4. Los muchachos _____ de Miami.

5. Ud. _____ de los Estados Unidos.

6. El libro _____ de Francia.

7. Pepe y yo _____ de Arizona.

8. Uds. _____ de Los Ángeles.

9. Mi mamá _____ de Inglaterra. (England)

10. Nosotros _____ de Texas

B. Answer the following questions about your family and friends. Name the country, state, or city they are from.

MODELO: ¿De dónde es tu papá? __*Es de Chicago*__.

1. ¿De dónde eres tú? _____.

2. ¿De dónde es tu mamá? _____.

3. ¿De dónde es tu papá? _____.

4. ¿De dónde es tu amigo? _____.

5. ¿De dónde son tus abuelos? _____.

**II.** Adjectives of nationality have four forms. For example:

## SINGULAR

| Country | Masculine | Feminine |
|---|---|---|
| España | español | española |
| México | mexicano | mexicana |
| Alemania | alemán | alemana |
| Francia | francés | francesa |
| Inglaterra | inglés | inglesa |
| Estados Unidos | norteamericano | norteamericana |
| La Argentina | argentino | argentina |
| Chile | chileno | chilena |
| Colombia | colombiano | colombiana |
| Venezuela | venezolano | venezolana |
| Puerto Rico | puertorriqueño | puertorriqueña |
| Cuba | cubano | cubana |
| Guatemala | guatemalteco | guatemalteca |

## PLURAL

| | Masculine | Feminine |
|---|---|---|
| España | españoles | españolas |
| México | mexicanos | mexicanas |
| Alemania | alemanes | alemanas |
| Francia | franceses | francesas |
| Inglaterra | ingleses | inglesas |
| Estados Unidos | norteamericanos | norteamericanas |
| La Argentina | argentinos | argentinas |
| Chile | chilenos | chilenas |
| Colombia | colombianos | colombianas |
| Venezuela | venezolanos | venezolanas |
| Puerto Rico | puertorriqueños | puertorriqueñas |
| Cuba | cubanos | cubanas |
| Guatemala | guatemaltecos | guatemaltecas |

**A.** Fill in the blank with the correct form of the adjective of nationality shown in parentheses.

MODELO: (español) José y Paco son **españoles**. (John and Paco are Spanish.)

1. (colombiano) Elena es _____.

2. (chileno) Las muchachas son _____.

3. (norteamericano) Pepe es _____.

4. (español) Pepe y Alfredo son _____.

5. (mexicano) Alberto y yo somos _____.

6. (alemán) Mi mamá es _____.

7. (inglés) Los amigos de Pepe son _____.

8. (cubano) Anita y Carmen son _____.

9. (guatemalteco) Sr. Plaza es _____.

10. (venezolano) La profesora de español es _____.

B. Refer to the verb list in Part **I**. Write the correct form of *ser* in each blank. Then rewrite the sentence using the appropriate adjective of nationality.

MODELOS:  Yo **soy** de los Estados Unidos.  **Yo soy norteamericano.**

María **es** de Chile.  **María es chilena.**

1. Juan _____ de Cuba.  _____.

2. Las niñas _____ de Venezuela.  _____.

3. Ellos _____ de Chile.  _____.

4. Tú _____ de Puerto Rico.  _____.

5. Pepe y yo _____ de México.  _____.

**III. A.** You have learned to use *ser* to indicate origin; *estar* to show location. Underline the correct verb in the following sentences. Note two cue words: *de* usually indicates origin (*ser*); *en* usually indicates location (*estar*).

MODELOS:  Pablo (es, está) de Colombia.

Pablo (es, está) en Colombia.

1. Los niños (son, están) de México.

2. Tú (eres, estás) de Inglaterra.

3. Yo (soy, estoy) en Chile.

4. Ud. (es, está) en Puerto Rico.

5. Ana, María y yo (somos, estamos) de Guatemala.

6. Papá y yo (somos, estamos) en los Estados Unidos.

7. Yo (soy, estoy) de Venezuela.

8. Uds. (son, están) en la Argentina.

9. Juan (es, está) de Francia.

10. Tú (eres, estás) en España.

**B.** Fill in the blanks in the following sentences with the correct form of *ser* or *estar*.

MODELOS:  Yo **estoy** en el patio.

Tú **eres** de Nueva York.

1. Ana y Luisa _____ de California.

2. Yo _____ en casa.

3. Yo _____ de Chicago.

4. Tú _____ en Chicago.

5. María _____ en la clase de español.

6. Mi mamá _____ de Arizona.

7. Tomás y yo _____ en el patio.

8. Mi amigo y yo _____ de Nueva York.

9. Uds. _____ en México.

10. Tú _____ de Los Ángeles.

## Lección X — ¿QUÉ DÍA? ¿QUÉ HORA? ¿QUÉ NÚMERO?

GRAMÁTICA: The use of *ser* with days of the week, dates, numbers, time

VOCABULARIO: The days of the week; the months of the year; Numbers 1–30

I. A. *Ser* is used when speaking of days or dates. Refer to the calendar, and complete each of the following sentences according to the model.

NOTE: On many Spanish calendars, the first day of the week is *Monday*.

| lunes | martes | miércoles | jueves | viernes | sábado | domingo |
|-------|--------|-----------|--------|---------|--------|---------|
|       |        | 1         | 2      | 3       | 4      | 5       |
| 6     | 7      | 8         | 9      | 10 ...  |        |         |

MODELO:   Hoy es sábado.   Mañana __es domingo__ .

1. Hoy es lunes.        Mañana _____ .
2. Hoy es jueves.       Mañana _____ .
3. Hoy es miércoles.    Mañana _____ .
4. Hoy es domingo.      Mañana _____ .
5. Hoy es martes.       Mañana _____ .

B. In the blanks below, write out the date that follows the date given.

MODELO:   Hoy es el 3 de mayo.   __Mañana es el 4 de mayo__ .

1. Hoy es el 20 de septiembre.   _____
2. Hoy es el 8 de marzo.         _____
3. Hoy es el 15 de octubre.      _____
4. Hoy es el 25 de abril.        _____
5. Hoy es el 2 de febrero.       _____

C. Study the models, then answer the questions with the days or dates given in parentheses.

MODELOS:   (lunes) ¿Qué día es? __Es lunes__ .
(What day is it? It's Monday.)

(15 junio) ¿Cuál es la fecha? __Es el 15 de junio__ .
(What is the date? It's the 15th of June.)

(4 septiembre) ¿Cuándo es la fiesta? __Es el 4 de septiembre__ .
(When is the party? It's the 4th of September.)

1. (10 junio)     ¿Cuál es la fecha? _____ .
2. (miércoles)    ¿Qué día es? _____ .
3. (5 octubre)    ¿Cuándo es la fiesta? _____ .

29

4. (5 mayo)      ¿Cuál es la fecha? _____.

5. (23 enero)    ¿Cuándo es el examen de español? _____.

6. (3 agosto)    ¿Cuál es la fecha? _____.

7. (sábado)      ¿Qué día es? _____.

8. (29 septiembre) ¿Cuándo es tu cumpleaños? _____.

9. (lunes)       ¿Qué día es? _____.

10. (25 diciembre) ¿Cuándo es la Navidad? _____.

**II. A.** *Ser* is used in arithmetic. Write out the ten problems that follow the models. Refer to the numbers listed below.

| | | |
|---|---|---|
| 1 uno | 11 once | 21 veintiuno |
| 2 dos | 12 doce | 22 veintidós |
| 3 tres | 13 trece | 23 veintitrés |
| 4 cuatro | 14 catorce | 24 veinticuatro |
| 5 cinco | 15 quince | 25 veinticinco |
| 6 seis | 16 dieciséis | 26 veintiséis |
| 7 siete | 17 diecisiete | 27 veintisiete |
| 8 ocho | 18 dieciocho | 28 veintiocho |
| 9 nueve | 19 diecinueve | 29 veintinueve |
| 10 diez | 20 veinte | 30 treinta |

MODELOS:   $8 + 2 = 10$   <u>Ocho y dos son diez</u>.

$8 - 2 = 6$   <u>Ocho menos dos son seis</u>.

$8 \times 2 = 16$   <u>Ocho por dos son dieciséis</u>.

$8 \div 2 = 4$   <u>Ocho dividido por dos son cuatro</u>.

1. $2 + 3 = 5$ _____.

2. $3 \times 4 = 12$ _____.

3. $18 - 9 = 9$ _____.

4. $9 + 9 = 18$ _____.

5. $18 \div 6 = 3$ _____.

6. $16 \div 4 = 4$ _____.

7. $7 \times 2 = 14$ _____.

8. $12 - 6 = 6$ _____.

9. $10 + 5 = 15$ _____.

10. $20 - 10 = 10$ _____.

**B.** *Ser* is also used in telling time.

*Telling time in Spanish*

Es la una. — It's one o'clock.
Son las dos. — It's two o'clock.
Son las tres. — It's three o'clock.

*Other time expressions*

*Time* after *the hour:*
> Son las tres y cinco. — It's 3:05.
> Son las cuatro y veinte. — It's 4:20.

*Time* before *the hour:*
> Son las tres menos diez. — It's ten minutes to three.
> Son las nueve menos veintitrés. — It's twenty-three minutes to nine.

*Quarter hour:*
> Son las seis y cuarto. — It's 6:15.
> Son las seis menos cuarto. — It's fifteen minutes to six.

*Half hour:*
> Son las cinco y media. — It's 5:30.

Follow the patterns given above for telling time, and write the time shown in each clock face.

MODELO:  <u>Son las nueve menos cuarto</u>.

1. _____.

2. _____.

3. _____.

4. _____.

5. _____.

6. _____.

7. _____.

8. _____.

9. _____.

10.  _____.

## Lección XI — ¡VERBOS, VERBOS, VERBOS!

GRAMÁTICA:   Present tense of regular -ar verbs; use of the negative

VOCABULARIO:   nuevo, todos los días, hablar, estudiar, trabajar, desear, comprar, llevar

I.   A verb that ends in -ar, -er, or -ir is called an infinitive. (Infinitives in English are expressed by *to*: to run, to speak, etc.) A great number of Spanish verbs end in -ar, and they follow a certain pattern.

To form the present tense of any regular -ar verb, drop the -ar and add the present tense endings. The endings tell *who* is speaking.

| Person | Ending | Example: hablar — to speak | |
|---|---|---|---|
| yo | -o | hablo | — I speak, am speaking, do speak |
| tú | -as | hablas | — you speak . . . |
| él, ella, Ud. | -a | habla | — he, she speaks; you (sing.) speak |
| nosotros | -amos | hablamos | — we speak . . . |
| ellos, ellas, Uds. | -an | hablan | — they, you (plural) speak . . . |

Once you know the pattern you can easily use any regular -ar verb. Some common -ar verbs are:

| | |
|---|---|
| llevar | — to wear or carry |
| comprar | — to buy |
| estudiar | — to study |
| hablar | — to speak or talk |
| trabajar | — to work |
| desear | — to wish or desire |

**A.**   Write in the blanks the required form of the verb given at the top of each list. Remember to drop the -ar and add the necessary endings.

MODELO:   *hablar* (hablar)

yo __hablo__

tú __hablas__

Paco __habla__

Ana y yo __hablamos__

Los niños __hablan__

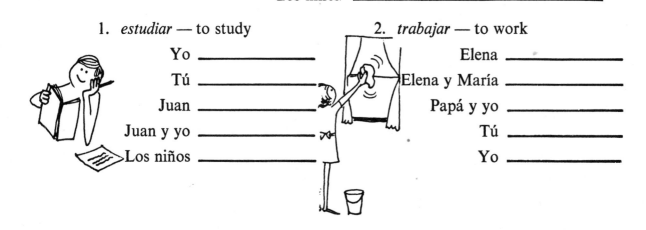

1. *estudiar* — to study

Yo _____

Tú _____

Juan _____

Juan y yo _____

Los niños _____

2. *trabajar* — to work

Elena _____

Elena y María _____

Papá y yo _____

Tú _____

Yo _____

3. *desear* — to want

Nosotros _____

Tú _____

Yo _____

Bárbara _____

Benito y Pablo _____

4. *comprar* — to buy

Mi amigo _____

Yo _____

Mamá y Papá _____

Tú _____

Juan y yo _____

5. *llevar* — to wear

Tú _____

Mi amigo y yo _____

Yo _____

El niño _____

Las muchachas _____

**B.** Complete the following sentences with the correct form of the verb in parentheses.

MODELO: (hablar) Alicia __*habla*__ español.

1. (trabajar) Tú _____ mucho.

2. (estudiar) Yo _____ el español.

3. (desear) Papá _____ un sombrero negro.

4. (comprar) Las niñas _____ dos faldas.

5. (trabajar) Ana y yo _____ en la escuela.

6. (llevar) Jorge y Paco _____ pantalones negros.

7. (estudiar) Juan _____ el francés.

8. (comprar) Tú _____ un vestido.

9. (llevar) Yo _____ un suéter.

10. (desear) Nosotros _____ un perro gris.

**C.** Select the correct *subject* from the list and write it in the blank. The pronouns in parentheses should give you a helpful hint.

| | |
|---|---|
| Yo | Juana (ella) |
| Tú | Alfredo y yo (nosotros) |
| | Los muchachos (ellos) |

MODELO: <u>Los muchachos</u> llevan pantalones azules.

1. _____ compramos plumas y lápices.
2. _____ estudias mucho, ¿verdad?
3. _____ trabajo con mi mamá.
4. _____ desea un vestido rojo.
5. _____ hablan con las muchachas.
6. _____ lleva una falda nueva.
7. _____ hablamos español en la clase.
8. _____ estudian mucho el inglés.
9. _____ deseo un sombrero grande.
10. _____ trabajas en la casa.

**D.** Answer the questions. Change the form of the verb to agree with each new subject.

MODELO: Estudio mucho el español. ¿Y Ana?
<u>Ana estudia mucho el español, también</u>.

1. Mamá trabaja en casa. ¿Y los niños?

   _____.

2. Deseo un vestido amarillo. ¿Y Alicia?

   _____.

3. Compras muchas cosas en Chicago. ¿Y los muchachos?

   _____.

4. Llevamos muchos libros a la escuela. ¿Y la maestra?

   _____.

5. Los profesores hablan inglés. ¿Y los alumnos?

   _____.

**E.** Rewrite the following words in order to form a logical sentence. Change the verb from the infinitive to the form that agrees with the subject. Remember the period and capital letters.

MODELO: un/desear/yo/negro/perro <u>Yo deseo un perro negro.</u>

1. estudiar/mi/mucho/amigo _____

2. Elena/en/trabajar/María/y/California _____

3. Tomás/yo/cosas/muchas/y/comprar _____

4. llevar/pantalones/rojos/tú _____

5. yo/hablar/español/inglés/y _____

**II.** To say *no* in Spanish, simply put the word *no* before the verb. Contractions and helping words are not used in Spanish.

> For example: He is: *Es.*   He isn't (is not): *No es.*

> He speaks: *Habla*   He doesn't (does not) speak: *No habla.*

**A.** Match the negative expressions on the left with the phrases on the right. Write your completed sentences on the lines below. The phrases may be used more than once.

1. No estudio
2. Felipe y yo no compramos
3. Ana no trabaja
4. Los profesores no hablan
5. Tomás no lleva
6. No deseas

A. un sombrero en la casa.
B. en la clase de inglés.
C. mucho en la escuela.
D. los libros.
E. inglés en la clase de español.
F. un perro grande.

MODELO: ___Ana no trabaja en la clase de inglés.___

1. _____
2. _____
3. _____
4. _____
5. _____

**B.** Change the following sentences from affirmative (yes) to negative (no) statements by placing a *no* before the verb.

MODELO: Llevo una blusa blanca. ___No llevo una blusa blanca.___

1. Estudio el español todos los días.

_____

2. Alberto y Antonio trabajan mucho en la escuela.

_____

3. Mamá desea un vestido nuevo.

_____

4. Compras los libros en San Francisco.

_____

5. Elena y yo hablamos francés en la escuela.

_____

**C.** When answering a question in the negative, *no* is used at the beginning of the sentence as well as before the verb. For example:

| | |
|---|---|
| ¿Estudias mucho? | No, no estudio mucho. |
| ¿Estudia mucho tu amigo? | No, mi amigo no estudia mucho. |

Answer the following questions in the negative. Remember to change the verb form in your answer if the question is directed to you (*tú, Ud.* or *Uds.*)

| MODELOS: | | |
|---|---|---|
| | ¿Estudia Ud. mucho? | No, no estudio mucho. |
| | ¿Estudian Uds. mucho? | No, no estudiamos mucho. |
| | ¿Estudia Juan mucho? | No, Juan no estudia mucho. |

1. ¿Llevas tú un suéter todos los días?

_____

2. ¿Trabaja Pepe en Nueva York?

_____

3. ¿Compran mamá y papá una casa nueva?

_____

4. ¿Desea Ud. un sombrero grande?

_____

5. ¿Hablan Uds. inglés?

_____

6. ¿Desean los muchachos zapatos pardos?

_____

7. ¿Hablas tú español en la clase de inglés?

_____

8. ¿Lleva Ana su libro de inglés?

_____

9. ¿Trabajan Uds. mucho en la clase de español?

_____

10. ¿Compra Ud. muchos libros?

_____

## III. Crucigráma

**Horizontales**

1. (estudiar) Juan y Paco _____ el inglés.

3. (trabajar) (tú) _____ mucho.

7. (estudiar) (tú) _____ el español.

8. (hablar) (tú) _____ español.

9. (desear) (yo) _____ un libro.

11. (estudiar) Los niños y yo _____ mucho.

14. (desear) (tú) _____ una casa grande.

15. (comprar) (yo) _____ un vestido.

16. (estudiar) La niña _____ mucho.

19. (trabajar) Los señores _____ en Chicago.

20. (hablar) Paco no _____ francés.

21. (comprar) (tú) no _____ muchas cosas.

**Verticales**

2. (trabajar) (yo) _____ en la escuela.

4. (desear) Alfredo y yo _____ un perro y un gato.

5. (hablar) La profesora y yo _____ español.

6. (desear) Pepe _____ un libro.

10. (estudiar) (Yo) no _____ mucho.

12. (hablar) Los muchachos _____ francés.

13. (comprar) Felipe y yo _____ mucho en San Francisco.

17. (trabajar) Papá _____ mucho.

18. (hablar) (yo) _____ italiano.

## Lección XII — ¡MÁS VERBOS!

GRAMÁTICA:  Regular -er, -ir verbs; word order in questions

VOCABULARIO:  aprender, comer, leer, escribir, vivir, abrir; la carta, el bistec, el sandwich, el restaurante

**I.**  You have learned that the infinitives of many Spanish verbs end in -ar. Many other Spanish verbs end in -er or -ir. To form the present tense of a regular -er or -ir verb, drop the -er or -ir and add the endings given below. Note that except for the *nosotros* form, the endings for both types of verbs are the same.

*Endings*

| Person | -er | -ir |
|---|---|---|
| yo | -o | -o |
| tú | -es | -es |
| él, ella, Ud. | -e | -e |
| nosotros | -emos | -imos |
| ellos, ellas, Uds. | -en | -en |

*Examples:*

| comer | vivir |
|---|---|
| como | vivo |
| comes | vives |
| come | vive |
| com*emos* | viv*imos* |
| comen | viven |

Some common -er and -ir verbs are:

| | | | |
|---|---|---|---|
| aprender | — to learn | escribir | — to write |
| comer | — to eat | vivir | — to live |
| leer | — to read | abrir | — to open |

**A.**  Write in the blanks the required form of the verb given at the top of each list.

MODELO:  *comer* — to eat

yo __Como__

tú __Comes__

Paco __Come__

Ana y yo __Comemos__

Las niñas __Comen__

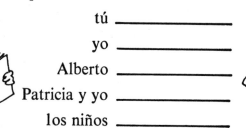

1.  *aprender* — to learn

tú _____

yo _____

Alberto _____

Patricia y yo _____

los niños _____

2.  *escribir* — to write

las muchachas _____

Alfredo y yo _____

yo _____

Juanita _____

tú _____

3. *vivir* — to live

tú _____

mi amigo y yo _____

yo _____

el niño _____

las muchachas _____

4. *leer* — to read

yo _____

Elena y Carmen _____

la profesora y yo _____

tú _____

Juan _____

5. *abrir* — to open

Tomás y Pablo _____

ella y yo _____

tú _____

yo _____

Ana María _____

**B.** Match each subject in List A with a correct phrase from List B. Copy the entire sentence on the lines below. There may be more than one correct phrase for some of the subjects.

*List A*
1. Ana y yo
2. Elena y Margarita
3. Los niños
4. Antonio
5. María
6. Tomás, Paco y yo

*List B*
A. aprende las lecciones.
B. come mucho.
C. leemos muchos libros.
D. vivimos en Los Ángeles.
E. escriben una carta.
F. abren la puerta de la casa.

1. MODELO: _Ana y yo leemos muchos libros._

2. _____

3. _____

4. _____

5. _____

6. _____

**C.** In the blanks below write any subject pronoun or name that correctly goes with the verb form.

MODELOS: _María_ aprende el francés.

_Antonio_ vive en Chicago.

1. _____ lees un libro grande.

2. _____ aprendo las matemáticas.

3. _____ come un sandwich.

4. _____ leemos una carta.

5. _____ escriben la lección de historia.

6. _____ abrimos la puerta.

7. _____ comen bistec.

8. _____ vivo en Texas.

9. _____ abres el libro de español.

10. _____ escribe una carta.

**D.** Rewrite the following sentences. Change the verb forms to agree with each new subject. You may omit the subject pronouns *yo* and *tú*.

MODELOS:
(yo) Vivo en México y aprendo el español.

(tú) Vives en México y aprendes el español.

(Ana María) Ana María vive en México y aprende el español.

1. Vivo en México y aprendo el español.

(Pepe y yo) _____

(Las niñas) _____

(Tú) _____

(Elena) _____

(Yo) _____

2. Alfredo abre el libro y lee la lección.

(Yo) _____

(Ramón) _____

(Alberto y Gonzalo) _____

(Tú) _____

(Ana y yo) _____

**II.** **A.** Answer the following questions both in the affirmative and in the negative.

MODELOS: ¿Aprendes el francés en la escuela?

_Sí, aprendo el francés en la escuela._

_No, no aprendo el francés en la escuela._

¿Comen Uds. en la casa?

_Sí, comemos en la casa._

_No, no comemos en la casa._

¿Lee tu papá muchos libros?

_Sí, mi papá lee muchos libros._

_No, mi papá no lee muchos libros._

1. ¿ Vives en una casa grande?

   _____

   _____

2. ¿Leen Uds. muchos libros en la escuela?

   _____

   _____

3. ¿Come tu papá en el restaurante?

   _____

   _____

4. ¿Aprenden los alumnos mucho en la clase de inglés?

   _____

   _____

5. ¿Vive Paco en Chicago?

   _____

   _____

**B.** When a question is asked in Spanish, the subject comes after the verb. Subject pronouns, with the exception of *Ud.* and *Uds.*, are generally omitted.

*For example:*        ¿Lees (tú) el libro? — Are you reading the book?
¿Vive Ud. en Chicago? — Do you live in Chicago?
¿Aprende Juan la lección? — Is John learning the lesson?

Change the following statements to questions. Follow the pattern given in the model.

MODELO: Paco aprende el inglés.     ¿Aprende Paco el inglés?

1. Elena aprende el francés.        _____

2. Ud. come mucha comida.           _____

3. Uds. leen muchos libros.         _____

4. Juan y Paco escriben una carta.  _____

5. Vives en un apartamento.         _____

6. Pepe abre la puerta.             _____

7. Ud. aprende muchas cosas en la clase. _____

8. Uds. comen bistec.               _____

9. Marta y Carmen viven en Miami.   _____

10. Escribes las lecciones.         _____

**C.** Rewrite the following words in order to form a question. Remember the question marks and the capital letters.

MODELO:  abren/puerta/Uds./la   ¿Abren Uds. la puerta?

1. aprende/inglés/Ud./el   _____

2. restaurante/el/come/Juan/en   _____

3. lecciones/Uds./las/leen   _____

4. niños/California/en/los/viven   _____

5. pizarra/la/en/escribes/lección/la   _____

## Lección XIII — ¿A DÓNDE VAS?

GRAMÁTICA:   *ir, ir a* plus infinitive; *a* plus *el* = *al*

VOCABULARIO:   ¿adónde?, la iglesia, las montañas, la playa, la ciudad, el país

**I.**   *Ir* (to go) is an *irregular* verb. It does not follow the rules for regular *-ar, -er,* or *-ir* verbs. The forms of irregular verbs must be learned separately. The forms of *ir* in the present tense are listed below.

|  |  |
|---|---|
| yo | voy — I go, I am going, I do go |
| tú | vas — you go, you are going, you do go |
| él, ella, Ud. | va — he, she goes; you go; are going, do go |
| nosotros | vamos — we go, are going, do go |
| ellos, ellas, Uds. | van — they, you (pl.) go, are going, do go |

**A.**   Fill in the blanks below with the correct form of *ir*.

MODELO:   Yo __voy__ a California.

1. Juanito _____ a Texas.
2. Tú _____ a las montañas.
3. Yo _____ a la playa.
4. Graciela _____ a la ciudad de Los Ángeles.
5. Rosa y Beatriz _____ a la plaza.
6. Consuelo y yo _____ a Nueva York.
7. Yo _____ a la Argentina.
8. Ella y yo _____ a la iglesia.
9. Tú _____ a México.
10. Enrique y Raúl _____ a la escuela.

**B.**   Using the places listed below and the correct forms of *ir*, make up two sentences for each subject given.

NOTE:   When *a* (to) and *el* (the) are used together, they are contracted to form one word, *al*.

| | | |
|---|---|---|
| a la playa | al país | a España |
| a las montañas | al mercado | a Chile |
| a la iglesia | al Perú | a Colombia |
| a la ciudad | al Ecuador | a Costa Rica |
| a la plaza | al Uruguay | a México |

MODELOS:   Tú __vas a la escuela.__

Tú __vas al Uruguay.__

1. Yo _____

   Yo _____

2. Mario _____

   Mario _____

3. Luz y yo _____

   Luz y yo _____

4. Jaime y Diego _____

   Jaime y Diego _____

5. Tú _____

   Tú _____

**C.** Rewrite the following words in order to form a sentence. Change *ir* from the infinitive to the form that agrees with the subject. Remember the period and capital letters.

MODELO:   a/ir/yo/California   <u>Yo voy a California.</u>

1. Pablo/ir/y/España/a/yo   _____

2. Tú/Rica/a/ir/Costa   _____

3. Chela/ir/Virginia/y/a/escuela/la _____

4. ir/al/yo/Brasil   _____

5. Jaime/la/ir/a/ciudad   _____

**D.** You have used *Dónde* (where) with *estar* to ask where someone or something is located. *Adónde* is used with *ir* to ask where someone is going.

Choose the correct form of *ir*, and write a question that asks where each indicated subject is going.

MODELOS:   (tú) <u>¿Adónde vas?</u>
           (Paco) <u>¿Adónde va Paco?</u>

1. (Ud.) _____

2. (Olga) _____

3. (Elena y yo) _____

4. (Tú) _____

5. (Francisco y Juanito) _____

**E.** Answer each of the following questions. The sketch to the right of each question will help you to select your answer.

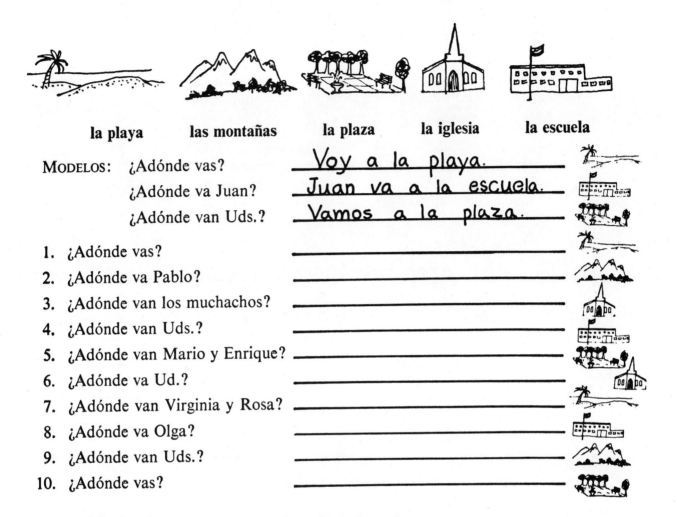

la playa     las montañas     la plaza     la iglesia     la escuela

MODELOS:    ¿Adónde vas?     Voy a la playa.

¿Adónde va Juan?     Juan va a la escuela.

¿Adónde van Uds.?     Vamos a la plaza.

1. ¿Adónde vas? _____

2. ¿Adónde va Pablo? _____

3. ¿Adónde van los muchachos? _____

4. ¿Adónde van Uds.? _____

5. ¿Adónde van Mario y Enrique? _____

6. ¿Adónde va Ud.? _____

7. ¿Adónde van Virginia y Rosa? _____

8. ¿Adónde va Olga? _____

9. ¿Adónde van Uds.? _____

10. ¿Adónde vas? _____

**II. A.** To say that someone is going to do something, use *ir a* plus the infinitive form of the verb that names what the subject is going to do.

| | |
|---|---|
| Voy a estudiar. | I'm going to study. |
| Juan va a estudiar. | John's going to study. |
| Vamos a estudiar. | We're going to study (or Let's study). |

Combine one of the verb forms on the left with any infinitive on the right to make sentences. Write two different sentences for each subject.

| | |
|---|---|
| Voy a | hablar español |
| Vas a | estudiar el inglés |
| Beatriz va a | trabajar mucho |
| Vamos a | comprar zapatos |
| Los muchachos van a | vivir en México |

MODELOS: _Voy a comprar zapatos._
_Voy a estudiar el inglés._

1. _____

_____

2. _____

_____

3. _____

_____

4. _____

_____

5. _____

_____

6. _____

_____

7. _____

_____

8. _____

_____

9. _____

_____

10. _____

_____

**B.** Complete the following sentences with an *ir a* plus the infinitive construction. Follow the models.

MODELOS:  Juan no estudia pero _va a estudiar._

No trabajo pero _voy a trabajar._

1. Ud. no habla español pero _____
2. Yo no estudio pero _____
3. Raúl y yo no trabajamos mucho pero _____
4. Tú no hablas mucho pero _____
5. Uds. no comen mucho pero _____
6. Diego no lleva un suéter pero _____
7. Chela y Pilar no leen sus libros pero _____
8. Yo no vivo en Chicago pero _____
9. Tú no escribes cartas pero _____
10. Margarita y yo no estamos en Texas pero _____

## Lección XIV — ¿QUÉ TIENES?

GRAMÁTICA: *tener*; *tener que* plus infinitives

VOCABULARIO: *tener* idioms with: años, sed, hambre, calor, frío, sueño, prisa, razón, miedo
Interrogatives: ¿qué?; ¿cuántos?

**I.** *Tener* (to have) is another irregular verb. The forms of *tener* in the present tense are:

| | |
|---|---|
| yo | tengo |
| tú | tienes |
| él, ella, Ud. | tiene |
| nosotros | tenemos |
| ellos, ellas, Uds. | tienen |

**A.** Fill in the blanks below with the correct form of *tener*.

MODELO: El niño _tiene_ un libro.

1. Pablo _____ una pluma roja.
2. Yo _____ una familia grande.
3. Mi amigo y yo _____ un perro negro.
4. Los muchachos _____ pantalones azules.
5. Juan y yo _____ muchos amigos.
6. Tú _____ un cuaderno amarillo.
7. Pilar _____ el libro de inglés.
8. Tú _____ el sombrero de Paco.
9. Yo _____ un gato gris.
10. Ana y Margarita _____ una maestra buena.

**B.** *Qué* (what?) is used with *tener* to ask what someone has. Choose the correct form of *tener* for each subject given. Then write a question asking what each subject has.

MODELO: (tú) _¿Qué tienes?_
(Paco) _¿Qué tiene Paco?_

1. (Ud.) _____
2. (Sr. López) _____
3. (tú) _____
4. (Uds.) _____
5. (los niños) _____

**C.** Answer each of the following questions. Begin your sentence with the correct form of *tener*, and refer to the sketches below to write your answer.

**una pluma roja**          **un perro negro**          **un gato gris**

**un sombrero grande**          **un libro interesante**

MODELOS:     ¿Qué tienes? _Tengo un perro negro._
                   ¿Qué tienen Uds.? _Tenemos un sombrero grande._
                   ¿Qué tiene la profesora? _La profesora tiene una pluma roja._

1. ¿Qué tienes?

   _____

2. ¿Qué tiene la muchacha?

   _____

3. ¿Qué tienen Uds.?

   _____

4. ¿Qué tienen Paco y Juan?

   _____

5. ¿Qué tiene Ud.?

   _____

6. ¿Qué tiene la amiga de Pilar?

   _____

7. ¿Qué tienen Uds.?

   _____

8. ¿Qué tiene Beto?

   _____

9. ¿Qué tienen los niños?

   _____

10. ¿Qué tiene Ud.?

   _____

**II. A.** To express age in Spanish, *tener* is used in the following manner. (*Años* means years.)

$$\text{Tengo 12 años.} \longrightarrow \text{I am twelve years old.}$$
I am twelve.

Mamá tiene 40 años. — Mom is 40 years old.
Mom is 40.

Mis amigos tienen 13 y 14 años. — My friends are 13 and 14 years old.
My friends are 13 and 14.

Follow the pattern in the model sentences, and answer each question. Change the form of the verb *tener* to agree with each new subject, if necessary.

MODELO:   Tengo 14 años. ¿Y ellos?
Ellos tienen 14 años, también.

1. Tengo 14 años. ¿Y María?

   _____

2. Tienes 12 años. ¿Y los muchachos?

   _____

3. Mamá tiene 40 años. ¿Y papá?

   _____

4. Tienes 15 años. ¿Y nuestro amigo?

   _____

5. Tenemos 13 años. ¿Y Ana y Margarita?

   _____

**B.** To ask someone's age, use the phrase *¿Cuántos años?* followed by the appropriate form of *tener* and the subject.

¿Cuántos años tiene Ud.? — How old are you?
¿Cuántos años tienes? — How old are you?
¿Cuántos años tiene tu papá? — How old is your dad?

Follow the pattern in the models, and write questions asking the age of each of the subjects listed below.

MODELOS:   (tú) ¿Cuántos años tienes?
(Pablo) ¿Cuántos años tiene Pablo?

1. (tú) _____
2. (Ud.) _____
3. (Uds.) _____
4. (Francisco) _____
5. (Irene y Sara) _____

6. (tu mamá) _____

7. (tu mamá y tu papá) _____

8. (Mario) _____

9. (Alicia y Olga) _____

10. (los alumnos) _____

**C.** Answer the following questions with the real ages of the people named.

MODELOS: ¿Cuántos años tienes? ___Tengo 13 años.___

¿Cuántos años tiene tu amigo? __Mi amigo tiene 14 años.__

1. ¿Cuántos años tienes? _____

2. ¿Cuántos años tiene tu papá? _____

3. ¿Cuántos años tiene tu mamá? _____

4. ¿Cuántos años tiene tu hermano? _____

5. ¿Cuántos años tiene tu amiga? _____

**III.** *Tener* is used in many expressions called idioms. Some idioms are:

tener frío — to be cold
tener calor — to be warm
tener miedo — to be afraid
tener sed — to be thirsty
tener hambre — to be hungry
tener prisa — to be in a hurry
tener razón — to be right (correct)
tener sueño — to be sleepy

**A.** Complete each sentence. Use the form of *tener* necessary for each subject, and add the word suggested by the sketch.

**frío     calor     miedo     sed     hambre     prisa     razón     sueño**

MODELO: Paco __tiene sed__

1. Yo _____

2. Graciela y yo _____

3. Jaime _____

4. Los niños _____

5. Tú _____

6. Mi amigo _____

7. Pedro, Juan y yo _____

8. Ud. _____

9. Yo _____

10. Los alumnos _____

**B.** To express *very* with the *tener* idioms, add *mucho* or *mucha* to the expression.

*For example:* Tengo mucho frío. — I am very cold.
Tengo mucha hambre. — I am very hungry.

*Mucha* must be used with *sed*, *hambre*, *prisa* and *razón*; *mucho* with the other words.

Rewrite each of the following sentences, using the model as a guide.

MODELOS: Tengo hambre. **Tengo mucha hambre.** _____

Tengo frío. **Tengo mucho frío.** _____

1. Tengo sed. _____
2. Paco tiene frío. _____
3. ¿Tienes calor? _____
4. Tenemos hambre. _____
5. ¿Tiene Ud. prisa? _____
6. Anita tiene miedo. _____
7. Uds. tienen razón. _____
8. Tenemos sueño. _____
9. ¿Tienen Uds. calor? _____
10. Los niños tienen sed. _____

**C.** Using the pairs of words in parentheses and the correct form of *tener*, write questions like those given in the models.

MODELOS: (tú — sueño) **¿Tienes sueño?** _____

(Paco — hambre) **¿Tiene Paco hambre?** _____

1. (tú — razón)  _____
2. (Ud. — miedo)  _____
3. (Uds. — calor)  _____
4. (Sr. Gómez — frío)  _____
5. (Eduardo y Mario — sed)  _____

**D.** How do you feel right now? Answer the following questions with either *Sí* or *No*—whichever is correct for you right now.

MODELO: ¿Tienes hambre?  <u>Sí, tengo hambre.</u>

or

<u>No, no tengo hambre.</u>

1. ¿Tienes hambre?  _____
2. ¿Tienes sed?  _____
3. ¿Tienes frío?  _____
4. ¿Tienes calor?  _____
5. ¿Tienes sueño?  _____

**IV.** To indicate that someone has to do something, *tener que* is used with the infinitive form of the verb that tells what the subject has to do.

Tengo que estudiar. — I have to study.
Juan tiene que estudiar. — John has to study.
Tenemos que estudiar. — We have to study.

**A.** Complete each sentence. Write the correct form of *tener* for each subject and add any phrase from the list given below.

estar en la escuela          hablar español
estudiar las matemáticas     trabajar mucho
comprar zapatos              llevar un suéter
aprender la lección          comer a las seis
leer este libro              ir a la casa

MODELO: Pablo <u>tiene que aprender la lección.</u>
Yo <u>tengo que ir a la casa.</u>

1. Ud. _____
2. Yo _____
3. Mis amigos y yo _____
4. Mario _____
5. Los alumnos _____
6. Tú _____
7. Enrique y Marcelo _____
8. Yo _____

9. Felipe y yo _____

10. Tú _____

**B.** What do *you* have to do? Answer the following questions with either *Sí* or *No*—whichever applies to you.

MODELO:   ¿Tienes que trabajar mucho? *Sí, tengo que trabajar mucho.*

*No, no tengo que trabajar mucho.*

1. ¿Tienes que hablar español en la clase de español?

   _____

2. ¿Tienes que estudiar mucho?

   _____

3. ¿Tienes que leer muchos libros?

   _____

4. ¿Tienes que estar en la escuela a las ocho?

   _____

5. ¿Tienes que escribir las lecciones de matemáticas?

   _____

## Lección XV — ¿QUÉ HACES?

**GRAMÁTICA:**   *Hacer* and *hacer* idioms; shortened adjectives

**VOCABULARIO:** hacer; hace buen tiempo, mal tiempo, frío, calor, fresco, sol, viento, ¿cuándo?, cuando

**1.**  *Hacer* (to do or to make) acts like a regular *-er* verb in the present tense except in the first person singular.

yo — hago (the exception)

tú — haces

él, ella, Ud. — hace

nosotros — hacemos

ellos, ellas, Uds. — hacen

**A.**  Write questions that ask what the person named in parentheses is doing. Write *qué* and add the correct form of *hacer* and the subject (or subject pronoun).

MODELO:   (yo) *¿Qué hago yo?* – What am I doing (making)?

1. (Juan) _____

2. (Las niñas) _____

3. (Yo) _____

4. (Pablo y yo) _____

5. (Ud.) _____

6. (Uds.) _____

7. (Tú) _____

8. (Sr. y Sra. Gómez) _____

9. (Ud. y yo) _____

10. (Anita y Graciela) _____

**B.**  Answer the following questions. Refer to the sketches for the answer. Be certain to use the correct form of the verb instead of the infinitive you are given.

**hablar por teléfono**      **comprar la comida**      **leer el libro de inglés**

**bailar el tango**            **estudiar mucho**

MODELOS: ¿Qué haces? <u>Leo el libro de inglés</u>

What are you doing? I am reading the English book.

¿Qué hacen Uds.? <u>Bailamos el tango.</u>

What are you doing? We are dancing the tango.

¿Qué hace Paco? <u>Paco habla por teléfono</u>

What is Paco doing? Paco is talking on the telephone.

1. ¿Qué haces?

_____.

2. ¿Qué hacen Uds.?

_____.

3. ¿Qué hace Felipe?

_____.

4. ¿Qué hacen los alumnos?

_____.

5. ¿Qué hace la mamá de Pedro?

_____.

**C.** Write a sentence telling what you do at the times mentioned in each question. Write an original answer or pick the best answer from the list below.

*Verbos*

Estudio (estudiamos) el español.
Como (comemos) el alumerzo (la comida, el desayuno).
Escribo (escribimos) las lecciones.
Juego (jugamos) al futbol.
Toco (tocamos) el piano.
Voy (vamos) a la escuela.
Miro (miramos) la televisión.

MODELOS: ¿Qué haces a las 8:00 a.m.? <u>Voy a la escuela</u>.

¿Qué hacen Uds. a las 8:00 a.m. <u>Vamos a la escuela</u>.

1. ¿Qué haces a las 7:00 a.m.? _____.
2. ¿Qué haces a las 9:00 a.m.? _____.
3. ¿Qué haces a las 11:00 a.m.? _____.
4. ¿Qué haces a las 12:00? _____.
5. ¿Qué haces a las 4:00 p.m.? _____.
6. ¿Qué hacen Uds. a las 5:00 p.m.? _____.
7. ¿Qué hacen Uds. a las 6:00 p.m.? _____.

8. ¿Qué hacen Uds. a las 8:00 p.m.? _____.

9. ¿Qué hacen Uds. a las 9:00 p.m.? _____.

10. ¿Qué hacen Uds. a las 10:00 p.m.? _____.

**II.** *Hacer* is used in many idiomatic expressions. Some idioms are:

| ¿Qué tiempo hace? | How's the weather? |
|---|---|
| (No) Hace buen tiempo.* | The weather is (not) good. |
| (No) Hace mal tiempo.* | The weather is (not) bad. |
| (No) Hace frío. | It is (not) cold. |
| (No) Hace fresco. | It is (not) cool. |
| (No) Hace calor. | It is (not) hot. |
| (No) Hace sol. | It is (not) sunny. |
| (No) Hace viento. | It is (not) windy. |

*Note that when *bueno* or *malo* is used before a masculine singular noun like *tiempo*, the ending -o is dropped.

**A.** Below each picture write two or more sentences describing the weather conditions illustrated.

MODELO: Hace sol
Hace buen tiempo
No hace frío

1.

2.

3.

4.

5.

**B.** In order to say that the weather is (or isn't) very good or very bad, *muy* is inserted before *buen* or *mal*.

(No) Hace muy buen tiempo. — The weather is (isn't) very good.
(No) Hace muy mal tiempo. — The weather is (isn't) very bad.

To say that it is (or isn't) very cold, very hot, very windy, or very sunny, *mucho* is inserted before the noun.

(No) Hace mucho frío.
(No) Hace mucho calor.
(No) Hace mucho viento.
(No) Hace mucho sol.

Rewrite the following sentences. Add *muy* or *mucho* to make them more emphatic.

MODELO: Hace sol.    Hace mucho sol.

1. Hace buen tiempo. _____
2. No hace mal tiempo. _____
3. Hace viento. _____
4. Hace frío. _____
5. No hace buen tiempo. _____
6. No hace calor. _____
7. No hace sol. _____
8. No hace viento. _____
9. Hace mal tiempo. _____
10. No hace frío. _____

**C.** Answer the following questions with the appropriate month or months.

*Los meses del año*

| enero | febrero | marzo | abril | mayo | junio |
|-------|---------|-------|-------|------|-------|
| julio | agosto | septiembre | octubre | noviembre | diciembre |

MODELOS:   ¿En qué mes hace frío?    Hace frío en enero.

¿En qué meses hace frío?    Hace frío en diciembre, enero y febrero.

1. ¿En qué mes hace fresco?

_____

2. ¿En qué meses hace frío?

_____

3. ¿En qué mes no hace buen tiempo?

_____

4. ¿En qué meses hace muy mal tiempo?

_____

5. ¿En qué mes hace mucho calor?

_____

6. ¿En qué meses hace mucho sol?

_____

7. ¿En qué mes no hace mucho sol?

_____

8. ¿En qué meses hace mucho viento?

_____

**III.** You now know two groups of idiomatic expressions; idioms with *tener* and idioms with *hacer*. They are written below.

**A.** Make new sentences by rewriting the model sentence. Replace the underlined words with words and expressions chosen from the following lists.

| | | |
|---|---|---|
| lunes | (no) hace buen tiempo | tengo (mucho) frío |
| martes | (no) hace mal tiempo | tengo (mucha) sed |
| miércoles | (no) hace frío | tengo (mucha) hambre |
| jueves | (no) hace fresco | tengo (mucho) sueño |
| viernes | (no) hace calor | tengo (mucho) miedo |
| sábado | (no) hace viento | tengo (mucha) prisa |
| domingo | (no) hace sol | tengo (mucho) calor |

MODELO:  Es lunes, hace mucho sol y tengo sed.

Es miércoles, no hace viento y tengo calor.

1. _____
2. _____
3. _____
4. _____
5. _____
6. _____
7. _____

**B.** Follow the models and answer the questions. (*Cuando* means "when")

MODELOS:

Cuando hace frío, ¿tienes frío?    Cuando hace frío, tengo frío .

or

Cuando hace frío, no tengo frío.

Cuando hace frío, ¿tienen Uds. frío?    Cuando hace frío, tenemos frío .

or

Cuando hace frío, no tenemos frío .

1.  Cuando hace calor, ¿tienes calor?

    _____

2.  Cuando hace sol, ¿tienen Uds. sed?

    _____

3.  Cuando hace frío, ¿tienes hambre?

    _____

4.  Cuando hace calor, ¿tienen Uds. frío?

    _____

5.  Cuando hace muy mal tiempo, ¿tienes miedo?

    _____

## Lección XVI — ¿PREGUNTAS?

GRAMÁTICA: Interrogative sentences

VOCABULARIO: Interrogative words

**I.** An interrogative word is used to indicate a question. In Spanish, the interrogative word precedes the verb and subject. You have already used some of these words: *¿qué?, ¿dónde?, ¿cuándo?, ¿cuál?*

Study the following list of interrogative words and the sentences in which they are used. Note the accent marks and the way Spanish questions are punctuated.

| *Interrogatives* | *Interrogative sentences* |
|---|---|
| ¿por qué? (why?) | ¿Por qué estudia Ud.? |
| ¿qué? (what?) | ¿Qué deseas? |
| ¿cuándo? (when?) | ¿Cuándo es tu cumpleaños? |
| ¿quién? (who?, singular) | ¿Quién es tu amigo? |
| ¿quiénes? (who?, plural) | ¿Quiénes son tus amigos? |
| ¿de quién? (whose?) | ¿De quién es este libro? |
| ¿dónde? (where?) | ¿Dónde está Juan? |
| ¿cuál? (which?) | ¿Cuál es la fecha de hoy? |
| ¿cuáles? (which?, plural) | ¿Cuáles son los alumnos más inteligentes? |
| ¿cómo? (how?) | ¿Cómo estás? |

**A.** Add the necessary accent and question marks to the following questions:

MODELO: ¿Quiénes estudian el español?

1. Por que deseas el libro
2. Que estudian Uds.
3. Cuando es la fiesta
4. Quien habla con Pedro
5. Donde está Consuelo
6. Cual es la fecha de hoy
7. Como está Ud.
8. Por que vive Pedro en México
9. Quienes son tus amigos
10. De quien es esta pluma

**B.** Choose the appropriate interrogative for each sentence below.

MODELO: (Dónde, Cuándo) ¿ **Dónde** está su amigo?

1. (Por qué, Cómo) ¿_____ hay una fiesta?
2. (Qué, Cuándo) ¿_____ hora es?
3. (Cuándo, Quién) ¿_____ va a la clase de español?
4. (Por qué, Quién) ¿_____ es tu amigo?
5. (Cómo, Quiénes) ¿_____ están en la clase de matemáticas?

6. (De quién, Cuándo) ¿_____ es esta pluma?

7. (Dónde, Quién) ¿_____ está la casa de Manolo?

8. (Cuáles, Cuál) ¿_____ es la fecha?

9. (Cuáles, Cuál) ¿_____ son los alumnos más inteligentes?

10. (Cómo, Qué) ¿_____ está tu papá?

**C.** From the list below select and write the best answer to each question.

> Anita es mi amiga.
> Hay una fiesta porque es el cumpleaños de Anita.
> La fiesta está en la casa de Pablo.
> Anita lleva un vestido azul.
> La fiesta es el 10 de diciembre.
> Compramos una blusa para Anita.

MODELO: ¿Qué compran Uds. para Anita? *Compramos una blusa para Anita.*

1. ¿Quién es tu amiga?

   _____

2. ¿Qué lleva tu amiga a la fiesta?

   _____

3. ¿Cuándo es la fiesta?

   _____

4. ¿Por qué hay una fiesta?

   _____

5. ¿Dónde está la fiesta?

   _____

**D.** From the list below select the best *question* for each answer, and write it before the appropriate answer.

> ¿Cómo es el profesor Smith?
> ¿Quién es Pepe?
> ¿Cuándo tienes el examen de inglés?
> ¿Qué estudia Pepe?
> ¿Quién es el profesor de inglés?
> ¿Por qué estudia mucho Pepe?

MODELO: *¿Quién es Pepe?* Pepe es mi amigo.

1. _____

   Pepe estudia el inglés.

2. _____

   Pepe estudia mucho porque hay un examen.

3. _____

El examen es el miércoles.

4. _____

El profesor es el Sr. Smith.

5. _____

Sr. Smith es un profesor muy alto.

**II. A.** Write a question for each statement given. Replace the underlined word or words in each sentence with an interrogative word chosen from the list.

MODELOS:  La niña estudia el inglés. *¿Qué estudia la niña?*
La niña estudia el inglés. *¿Quién estudia el inglés?*

1. Paco tiene un sombrero negro.

_____

2. Paco compra un sombrero negro.

_____

3. El cumpleaños de Juan es el 10 de enero.

_____

4. Los alumnos están en la clase de historia.

_____

5. Manolo está muy bien.

_____

¿Qué?        ¿Quién?        ¿Cuándo?        ¿Dónde?        ¿Cómo?

**B.** Write a question for each statement. Begin each question with the interrogative word in parenthesis. Change the word order if necessary.

MODELOS:   Ana está en casa.     (¿Dónde?)  <u>¿Dónde está Ana?</u>

              Manolo estudia el inglés.   (Qué) <u>¿Qué estudia Manolo?</u>

1. Paco estudia porque tiene examen.

   (Por qué) _____

2. Alberto y Pablo están en el patio.

   (Dónde) _____

3. Tomás y Juan están muy bien.

   (Cómo) _____

4. María es la amiga de Susana.

   (Quién) _____

5. La fiesta es el jueves.

   (Cuándo) _____

6. Sr. Guzmán come la comida.

   (Qué) _____

7. La fecha es el 8 de noviembre.

   (Cuál) _____

8. Los niños no trabajan mucho

   (Quiénes) _____

9. El vestido es de Carmen.

   (De quién) _____

10. Los alumnos más inteligentes son Patricia y Pedro.

    (Quiénes) _____

## Lección XVII — ¿SABER O CONOCER?

GRAMÁTICA:  *Saber* and *conocer* (present tense); personal *a*; contraction *al* (a + el)

VOCABULARIO:  porque, que, cuando, quien, donde, cual, como, la dirección, número de teléfono, nadar, cantar, bailar

I.  *Saber* and *conocer* both mean "to know" but each verb has a different meaning. *Saber* means to know something, or how to do something. *Saber* fits the regular pattern for *-er* verbs in the present tense except in the first person singular (*yo*) form.

yo — sé
tú — sabes
él, ella, Ud. — sabe
nosotros — sabemos
ellos, ellas, Uds. — saben

A.  Fill in the blanks below with the correct form of *saber*.

MODELO:  Tú **Sabes** la lección. — You know the lesson.

1.  Yo_____la lección de historia.

   Tú_____la lección de matemáticas.

   Alberto _____el número de teléfono de José.

   Tomás y yo _____ la dirección de la casa.

   Las niñas _____la dirección de la escuela.

2.  ¿_____tú la lección?

   ¿_____Paco la lección de música?

   ¿_____el niño la lección de inglés?

   ¿_____Uds. el número de teléfono de Antonio?

   ¿_____ Ud. la dirección de mi casa?

B.  When indicating that someone knows how to do something, use *saber* followed by the infinitive form of the verb that tells what the subject knows how to do.

*For example:*  Sé hablar español.  — I know how to speak Spanish.
Alberto sabe bailar.  — Albert knows how to dance.
Sabemos nadar bien.  — We know how to swim well.
Las niñas saben cantar. — The girls know how to sing.

Combine one of the verb forms on the left with any infinitive on the right to make sentences. Write two different sentences for each subject.

| | |
|---|---|
| Sé | hablar español. |
| Sabes | bailar la cha-cha-cha. |
| Juan sabe | cantar bien. |
| Sabemos | nadar bien. |
| Los muchachos saben | leer rápidamente. |

MODELO:  **Juan sabe leer rápidamente**

1. _____

2. _____

3. _____

4. _____

5. _____

6. _____

7. _____

8. _____

9. _____

10. _____

C. In Lesson 17 you learned to use interrogative words in asking questions. The same words, without the written accent, are often used in answering questions. Study the sentences below:

¿Por qué hablas inglés?　　(Why do you speak English?)

Porque no sé el español.　　(Because I don't know Spanish.)

¿Qué es?　　(What is it?)

No sé que es.　　(I don't know what it is.)

¿Cuándo estudia Paco?　　(When does Paco study?)

No sé cuando estudia Paco.　　(I don't know when Paco studies.)

¿Quién es?　　(Who is it?)

No sé quien es.　　(I don't know who it is.)

¿Dónde está el papá de Paco?　　(Where is Paco's father?)

No sé donde está su papá.　　(I don't know where his father is.)

¿Cuáles libros desean los niños?　　(Which books do the children want?)

No sé cuales libros desean los niños.　　(I don't know which books the
                                                                      children want.)

¿Comó está Ana?　　(How is Ana?)

No sé como está Ana.　　(I don't know how Ana is.)

Following the model, answer the following questions. You need only add *No sé* or *No sabemos* at the beginning and drop the written accent from the interrogative.

MODELO:　¿Qué es?　__No sé que es.__

1. ¿Qué es? _____

2. ¿Dónde está la casa? _____

66

3. ¿Quién es ese muchacho? _____

4. ¿Cuándo es la fiesta? _____

5. ¿Cuál vestido desea la muchacha? _____

MODELO: ¿Qué es? ___No sabemos que es._____

6. ¿Por qué habla Paco francés? _____

7. ¿Qué desea Felipe? _____

8. ¿Cómo están Juanito y Pepe? _____

9. ¿Quiénes son los amigos de Jorge? _____

10. ¿Dónde vive Tomás? _____

**II.** The verb *conocer* means to know or be acquainted with someone or with some place. *Conocer* also fits the regular pattern for *-er* verbs in the present tense except in the first person singular (*yo*) form.

yo — conozco
tú — conoces
él, ella, Ud. — conoce
nosotros — conocemos
ellos, ellas, Uds. — conocen

NOTE: The preposition *a* must be used after *conocer* and before the name of a person; before words meaning a person (*muchacho, amigo, mamá*); and before the name of a particular place (*Madrid, Parque Central*).

**A.** Fill in the blanks with the correct form of *conocer*.

1. Yo _____ a Andrés.

2. Eduardo _____ a San Francisco.

3. Tú _____ a la muchacha.

4. Los muchachos _____ la ciudad.

5. Carmela y yo _____ a la Sra. Martínez.

6. Tú _____ a Madrid.

7. Elena _____ a México.

8. Carmen y Susana _____ a Paco.

9. Paco y yo _____ a su amigo.

10. Yo _____ el parque.

**B.** When *a* and *el* are used together, they are contracted to form one word, *al*.

Conozco *al* muchacho.
Conozco a la muchacha.
Conozco a los muchachos.
Conozco a las muchachas.

Rewrite the following sentences, changing the underlined words from plural to singular forms. Where necessary, use the contraction *al*.

67

MODELOS:   Conozco a los muchachos.   <u>Conozco al muchacho</u> .
           Conoces a las muchachas.   <u>Conoces a la muchacha</u> .


1. Paco conoce a los niños.

   _____

2. Pepita no conoce a las niñas.

   _____

3. Juanita y yo conocemos a los maestros.

   _____

4. Conozco a los amigos de Pepe.

   _____

5. ¿Conoces a las maestras nuevas?

   _____

6. ¿Conoce Ud. a los alumnos?

   _____

7. Mis padres conocen a las señoritas.

   _____

8. Felipe y Paco conocen a las hermanas de Antonio.

   _____

9. ¿Conocen Uds. a los padres de Juan?

   _____

10. ¿Conoces a las profesoras?

    _____


**C.** Make up sentences using *conocer* and the pairs of words given below. Use the preposition *a* after *conocer* when necessary.

MODELOS:

| Pedro | Patricia | <u>Pedro conoce a Patricia.</u> |
| Pedro | niño | <u>Pedro conoce al niño.</u> |
| Pedro | la ciudad | <u>Pedro conoce la ciudad.</u> |
| *Subject* | *Acquainted with* | |
| 1. Yo | Chicago | _____ |
| 2. El niño | el Sr. Méndez | _____ |

3. Ana María y yo    la ciudad    _____

4. Ud.    Madrid    _____

5. Tú    la Ciudad de México    _____

6. Los alumnos    la Sra. Gómez    _____

7. Eduardo y Marcos    el rancho    _____

8. Uds.    Antonio    _____

9. La Sra. González    el parque    _____

10. Felipe, Tomás y yo    el país    _____

**III. A.** You have learned to use *saber* to indicate that something is known; *conocer* to indicate that someone or some place is known. Underline the correct verb in each of the following sentences.

MODELO: (Sé-<u>Conozco</u>) a Antonio.

1. (Sé-Conozco) la lección de historia.

2. ¿(Sabes-Conoces) a Andrés?

3. Elena (sabe-conoce) a San Francisco.

4. Alicia y yo (sabemos-conocemos) el número de teléfono.

5. Las niñas (saben-conocen) el parque.

6. Los niños (saben-conocen) la dirección de la casa de Pedro.

7. (Sé-Conozco) la dirección de la escuela.

8. Ana (sabe-conoce) a Madrid.

9. ¿(Sabes-Conoces) hablar español?

10. Pepe (sabe-conoce) donde vive Paco.

**B.** Fill in the blanks in the following sentences with the correct form of *saber* or *conocer*.

MODELO: Alberto _conoce_ a Mario.

1. Yo _____ la lección de matemáticas.

2. Tú _____ a Madrid.

3. Elena y yo _____ nadar bien.

4. Mi amigo _____ a Tomás.

5. Alicia y Patricia _____ a Juan y a Pedro.

6. Tú _____ el número de teléfono de Sara.

7. Mi amigo y yo _____ la ciudad.

8. Los alumnos _____ leer el español.

9. Yo _____ al Sr. González.

10. Alberto _____ donde está el libro.

# Lección XVIII — ¿JUGAR O TOCAR?

GRAMÁTICA:  The verbs *jugar* and *tocar* (present tense)

VOCABULARIO:  el tenis, el fútbol, el béisbol, la pelota, el golf, el básquetbol, el hockey; el piano, la guitarra, el violín, la banda, la orquesta, la trompeta, la flauta, los tambores, el clarinete, el órgano

I.  A.  *Jugar* (to play) refers to playing a game or participating in a sport. It is a vowel changing verb in which the *u* changes to *ue* in each form of the present tense except the *nosotros* form.

> yo — juego
> tú — juegas
> él, ella, Ud. — juega
> nosotros — jugamos
> ellos, ellas, Uds. — juegan

Fill in the blanks below with the correct form of *jugar*.

NOTE:  *Jugar* is generally followed by *a* before the name of the game. Since the article *el* is used with the names of most sports, *a* and *el* appear together, and are contracted to the one word, *al*.

MODELO:  Ud. _juega_ al béisbol.

1. Pablo _____ al tenis.

2. Mi amigo y yo _____ al fútbol.

3. Yo _____ al béisbol.

4. Las muchachas _____ a la pelota.

5. Elena _____ al golf.

6. ¿_____ tú al básquetbol?

7. Sr. Fernández y yo _____ al hockey.

8. Yo _____ al tenis.

9. Tú _____ al fútbol.

10. Los alumnos _____ al béisbol.

**B.** Answer each question below with the correct form of *jugar* and the name of the sport indicated by the sketches.

MODELOS:  ¿A qué juegas?   *Juego al tenis.*

              ¿A qué juegan Uds.?   *Jugamos al tenis.*

              ¿A qué juega Mario?   *Mario juega al tenis.*

| tenis | fútbol | béisbol | golf | básquetbol | hockey |
| --- | --- | --- | --- | --- | --- |

1. ¿A qué juega Diego?

   _____

2. ¿A qué juegan Alberto y Ricardo?

   _____

3. ¿A qué juegas tú?

   _____

4. ¿A qué juega Beatriz?

   _____

5. ¿A qué juegan las niñas?

   _____

6. ¿A qué juega el papá de Pedro?

   _____

7. ¿A qué juegan Uds.?

   _____

8. ¿A qué juega Marcos?

   _____

9. ¿A qué juega Ud.?

   _____

10. ¿A qué juegan los alumnos?

    _____

**C.** Answer the following questions with answers true for you.

MODELO: ¿A qué deporte juegas? <u>Juego al tenis</u>.
¿A qué deporte juega tu padre? <u>Mi padre juega al golf</u>.

1. ¿A qué deporte juegas?

   _____

2. ¿A qué deporte juega tu padre?

   _____

3. ¿A qué deporte juega tu madre?

   _____

4. ¿A qué deporte juegan los alumnos de la escuela?

   _____

5. ¿A qué deporte juegan tus amigos?

   _____

**II. A.** *Tocar* (to play) is used when referring to playing an instrument or playing in an instrumental group. *Tocar* is a regular *-ar* verb. Complete the following sentences according to the model.

MODELO: Toco el piano. ¿Y Alicia? <u>Alicia toca el piano, también</u>.

1. Toco el piano. ¿Y tú?

   _____

2. Tú tocas la guitarra. ¿Y Juanito?

   _____

3. Ud. toca el violín. ¿Y Eduardo?

   _____

4. Mis amigos tocan en la banda. ¿Y los amigos de José?

   _____

5. Tocamos en la orquesta. ¿Y Uds.?

   _____

6. Uds. tocan la trompeta. ¿Y Elena y Graciela?

   _____

7. Tú tocas la flauta. ¿Y los amigos?

   _____

8. Mi hermano toca los tambores. ¿Y Gonzalo?

   _____

9. Toco el clarinete. ¿Y Uds.?

   _____

10. Ellas y yo tocamos el órgano. ¿Y Ud.?

    _____

**B.** Answer the following questions with answers true for you

MODELO:   ¿Tocas el violín?   _Sí, toco el violín_ .or _No, no toco el violín_.

1. ¿Tocas el piano?

   _____

2. ¿Toca tu papá la guitarra?

   _____

3. ¿Tocan tus hermanos la guitarra?

   _____

4. ¿Toca tu amigo el violín?

   _____

5. ¿Tocan los alumnos de la escuela en una banda?

   _____

**III. A.** In the following sentences underline the appropriate verb.

MODELO:   Mi hermano (juega-<u>toca</u>) el clarinete.

1. Los muchachos (juegan, tocan) en una banda buena.
2. Yo (juego, toco) al tenis.
3. Mi hermano (juega, toca) los tambores.
4. Mis amigos y yo (jugamos, tocamos) al béisbol.
5. Felipe y yo (jugamos, tocamos) en la orquesta.
6. Juan (juega, toca) al tenis.
7. ¿(Juegas, Tocas) tú el piano?
8. Yo (juego, toco) la guitarra.
9. ¿(Juegas, Tocas) tú al fútbol?
10. Los alumnos (juegan, tocan) al básquetbol.

**B.** Make up sentences using the subject and game or instrument given. Combine them with the correct form of *tocar* or *jugar*. (Remember that *a* and *el* are contracted to *al*.)

MODELOS:  yo        la guitarra     Yo toco la guitarra.
          yo        el béisbol      Yo juego al béisbol.

1. Paco              los tambores    _____
2. Yo                el piano        _____
3. Tú                el golf         _____
4. Ana y yo          el clarinete    _____
5. Tú                la guitarra     _____
6. Los alumnos       el hockey       _____
7. Pepe, Alberto y yo el béisbol     _____
8. Yo                el fútbol       _____
9. Elena             el tenis        _____
10. Las muchachas     el violín       _____

## Lección XIX — ¡TODAVÍA MÁS VERBOS!

GRAMÁTICA: Stem changing verbs

VOCABULARIO: empezar, pensar, entender, querer, preferir, dormir, encontrar, poder, contar, volver, repetir, servir

**I.** In Lesson 18 you learned that *jugar* is a vowel changing verb in which the *u* changes to *ue*. Many other Spanish verbs make similar vowel changes. Most Spanish vowel changing verbs fall into one of three categories. The three groups are those in which:

> *e* changes to *ie*
> *o* changes to *ue*
> *e* changes to *i*

In the present tense, the vowels change in all forms of the verb with the exception of the *nosotros* form.

Some common vowel changing verbs of the *e* to *ie* group are listed below: The vowel that changes is underlined. Note that the vowel change occurs in the second to last syllable in each case.

> empezar (to begin)
> pensar (to think)
> entender (to understand)
> querer (to want or desire a thing;
>     to like or love a person)
> preferir (to prefer)

**A.** Study the following models; write the correct forms of *pensar*, *querer*, and *preferir*.

MODELOS: *empezar*                 *entender*

> Yo *empiezo*             La niña *entiende* el español.
> Tú *empiezas*            Nosotros *entendemos* el español.
> Juan *empieza*           Yo *entiendo* el español.
> Nosotros *empezamos*     Alberto y Antonio *entienden* el español.
> Los niños *empiezan*      Tú *entiendes* el español.

1.     *pensar*

Yo _____ mucho.

Ellos _____ mucho.

Mi hermano y yo _____ mucho.

Tú _____ mucho.

Hernando _____ mucho.

2.     *querer*

Tú _____ el libro.

Él _____ el libro.

Tomás y Pedro _____ el libro

Yo _____ el libro.

Ella y yo _____ el libro.

3.      *preferir*

Eduardo y yo _____ esta escuela.

Juanita _____ esta escuela.

Tú _____ esta escuela.

Los alumnos _____ esta escuela.

Yo _____ esta escuela.

**B.** Rewrite each of the following sentences, following the model. Change the verb forms to agree with the new subject or subjects.

1. MODELO:   Si pienso mucho, entiendo la lección.

   (Tú) <u>Si tú piensas mucho, entiendes la lección.</u>

   NOTE:  *Si* without an accent mark means *if*.

   (Yo) Si pienso mucho, entiendo la lección.

   (Juan) _____

   (Elena y yo) _____

   (Los alumnos) _____

   (Tú) _____

2. MODELO:   Mamá quiere esta casa, pero papá prefiere aquella casa.

   (Tú — yo) <u>Tú quieres esta casa, pero yo prefiero aquella casa.</u>

   Mamá quiere esta casa, pero papá prefiere aquella casa.

   (Alberto — yo) _____

   (Ellos — nosotros) _____

   (Mis padres — tú) _____

   (Mis amigos — yo) _____

**C.** *Empezar,* pensar, *querer,* and *preferir* are often used with verbs in the infinitive form.

|  |  |
|---|---|
| Juan empieza a estudiar.* | John begins to study. |
| Juan piensa estudiar. | John plans to study. |
| Juan quiere estudiar. | John wants to study. |
| Juan prefiere estudiar. | John prefers to study. |

*Note that *a* must be used after *empezar* when it is followed by an infinitive.

**D.** Following the pattern given in the model, use the subjects and infinitives given to write four different sentences in each exercise.

MODELO:   Yo — cantar una canción.

| | |
|---|---|
| Yo empiezo a cantar una canción. | — I'm beginning to sing a song. |
| Yo pienso cantar una canción. | — I plan to sing a song. |
| Yo quiero cantar una canción. | — I want to sing a song. |
| Yo prefiero cantar una canción. | — I prefer to sing a song. |

1. Tú — trabajar mucho.

   _____

   _____

   _____

   _____

2. Ana y yo — jugar al tenis.

_____

_____

_____

3. Los niños — leer este libro.

_____

_____

_____

4. Mi amigo — tocar la guitarra.

_____

_____

_____

_____

II. Some common vowel changing verbs of the *o* to *ue* group are: dormir (to sleep) encontrar (to find); poder (to be able); contar (to count); and volver (to return; to come back).

|  |  |  |  |  |  |
|---|---|---|---|---|---|
| Yo | duermo | encuentro | puedo | cuento | vuelvo |
| Tú | duermes | encuentras | puedes | cuentas | vuelves |
| Él | duerme | encuentra | puede | cuenta | vuelve |
| Nosotros | dormimos | encontramos | podemos | contamos | volvemos |
| Ellos | duermen | encuentran | pueden | cuentan | vuelven |

A. Write in the blanks below the correct forms of the verb given at the top of each list.

MODELO: *dormir*

Yo **duermo** ocho horas.

Tú **duermes** ocho horas.

Él **duerme** ocho horas.

Tú y yo **dormimos** ocho horas.

Ellos **duermen** ocho horas.

1. *encontrar*

   Yo _____ a mi amigo.

   Paco _____ a mi amigo.

   Ud. y yo _____ a mi amigo.

   Tú _____ a mi amigo.

   Mis padres _____ a mi amigo.

2. *poder*

   Enrique _____ ir.

   Tú _____ ir.

   Uds. _____ ir.

   Pablo y yo _____ ir.

   Yo _____ ir.

3. *contar*

   Mi hermano _____ de uno a diez.

   Los niños _____ de uno a diez.

   Ud. y yo _____ de uno a diez.

   Yo _____ de uno a diez.

   Tú _____ de uno a diez.

4. *volver*

   Yo _____ a la casa a las nueve.

   Ella _____ a la casa a las nueve.

   Uds. y yo _____ a la casa a las nueve.

   Tú _____ a la casa a las nueve.

   Mis amigos _____ a la casa a las nueve.

**B.** Complete each of the following sentences. Refer to the model for help.

MODELO:  Ana duerme mucho. ¿Y tú?  *Tú duermes mucho también.*

1. Ud. duerme ocho horas. ¿Y él?

   _____

2. Alberto encuentra a su amigo. ¿Y Tomás?

   _____

3. Tú y yo podemos jugar. ¿Y los muchachos?

   _____

4. Yo cuento en la clase. ¿Y la maestra?

   _____

5. Tú vuelves a las ocho. ¿Y yo?

   _____

6. Duermo la siesta. ¿Y los mexicanos?

   _____

7. Ud. encuentra muchas cosas. ¿Y ellos?

   _____

8. Los niños cuentan bien. ¿Y las niñas?

   _____

9. Yo puedo ir a la fiesta. ¿Y Paco?

_____

10. Vuelvo a la casa. ¿Y Pedro?

_____

**C.** *Poder* and *volver* are often used with the infinitive form of verbs. For example:

Puedo hablar español. — I can speak Spanish.
I am able to speak Spanish.

Vuelvo a hablar español. — I speak Spanish again.
I return to speaking Spanish.

Note the *a* which follows *volver* before an infinitive.

Rewrite each of the following sentences. Substitute the new subjects and change the underlined verb forms if necessary.

MODELO:  Hoy no puedo estudiar pero mañana vuelvo a estudiar.

(tú) Hoy no puedes estudiar pero mañana vuelves a estudiar.

1. Hoy Juan no puede cantar pero mañana vuelve a cantar.

(José y Felipe) _____

_____

2. Hoy tú no puedes estar aquí pero mañana vuelves a estar aquí.

(Ud.) _____

_____

3. Hoy ellos no pueden leer el libro pero mañana vuelven a leer.

(Nosotros) _____

_____

4. Hoy no podemos comer mucho pero mañana volvemos a comer.

(Yo) _____

_____

5. Hoy no puedo hablar español pero mañana vuelvo a hablar.

(Tú) _____

_____

**III.** Two common vowel changing verbs of the *e* to *i* group are *repetir* (to repeat) and *servir* (to serve). Note the spelling changes in the *nosotros* form.

| | | |
|---|---|---|
| Yo | repito | sirvo |
| Tú | repites | sirves |
| Él | repite | sirve |
| Nosotros | *repetimos* | *servimos* |
| Ellos | repiten | sirven |

**A.** Fill in the blanks below with the correct form of the verb in parentheses.

MODELO: (servir) Ella _sirve_ la comida.

1. (repetir) Juanito _____ las palabras.

2. (servir) Yo _____ la comida.

3. (servir) ¿_____ tú el desayuno?

4. (repetir) En la clase, los alumnos _____.

5. (repetir) Yo _____ las palabras españolas.

6. (servir) Las muchachas _____ el almuerzo a mamá.

7. (repetir) La clase y yo _____ el ejercicio.

8. (servir) Juana _____ la cena a su familia.

9. (repetir) ¿_____ tú en la clase de español?

10. (servir) Mi mamá y yo _____ a papá.

**B.** Put the following words in the proper order to form a logical sentence. Change the infinitive to the correct verb form.

MODELO: mi/servir/mamá/comida/la _Mi mamá sirve la comida_.

1. alumnos/repetir/lección/los/la _____

2. mamá/desayuno/mi/el/servir _____

3. yo/repetir/palabras/españolas/las _____

4. y/ejercicio/Ana/yo/el/repetir _____

5. a/servir/comida/la/José/tú _____

## Lección XX — VERBOS REFLEXIVOS

GRAMÁTICA: Use of reflexive verbs and reflexive pronouns

VOCABULARIO: llamarse, sentarse, levantarse, acostarse, lavarse, divertirse, pasearse, ponerse, quedarse, quitarse

**I.   A.** A verb is called *reflexive* when the subject does something to itself. *Se* attached to an infinitive indicates a reflexive verb. Some common reflexive verbs are listed below. Vowel changing verbs are indicated by the vowels in parentheses after the verb.

| | |
|---|---|
| llamarse | — to be named |
| sentarse (ie) | — to sit down |
| levantarse | — to get up, to stand up |
| acostarse (ue) | — to go to bed |
| lavarse | — to wash |
| divertirse (ie) | — to have a good time, to enjoy oneself |
| pasearse | — to go for a walk, to stroll |
| ponerse | — to put on clothes |
| quedarse | — to remain |
| quitarse | — to take off (clothing) |

A reflexive pronoun (*me*, *te*, *se*, or *nos*) must always be used with a reflexive verb. Study the forms of *sentarse* given below.

| | |
|---|---|
| (yo) *Me siento* en la silla. | — I sit down on the chair. |
| (tú) *Te sientas* en la silla. | — You sit down on the chair. |
| Paco *se sienta* en la silla. | — Paco sits down on the chair. |
| Ana y yo *nos sentamos* en las sillas. | — Ana and I sit down on the chair. |
| Los niños *se sientan* en las sillas. | — The children sit down on the chair. |

Note that *se* is used with both the singular and plural of the third person.

Write in the blanks below the appropriate reflexive pronoun: *me*, *te*, *se*, or *nos*.

MODELO: Tú _te_ acuestas.

1. Yo _____ levanto ahora.

2. Eduardo _____ acuesta a las doce.

3. Tú y yo _____ lavamos la cara.

4. Tú _____ diviertes mucho.

5. Los muchachos _____ pasean por el parque.

6. Yo _____ quito el sombrero.

7. Juan _____ pone la camisa.

8. ¿Cómo _____ llamas tú?

9. Nosotros _____ quedamos aquí.

10. Ud. _____ sienta aquí.

**B.** Complete the following sentences, using the model as a guide. Write the correct reflexive pronoun as well as the correct verb form.

MODELO: No me llamo Paco, pero él ___ se llama Paco ___.

1. La niña no se quita el abrigo, pero su papá _____

2. Ud. y yo no nos ponemos los suéteres, pero la niña _____

3. No te llamas Enrique, pero yo _____

4. No me divierto en esta fiesta, pero Ud. _____

5. Antonio y yo no nos quedamos en la fiesta, pero Alberto _____

6. No te acuestas temprano, pero yo _____

7. Pedro no se lava el pelo, pero tú _____

8. Los muchachos no se sientan, pero las muchachas _____

9. No me levanto temprano, pero tú _____

10. Uds. no se pasean por el parque, pero sus padres _____

**C.** Rewrite the following sentences. Change the underlined verb forms to agree with each new subject. Omit the subject pronouns *tú* and *yo*.

MODELO: Por la mañana me levanto tarde temprano, me lavo la cara y me siento a la mesa.

(Paco) *Por la mañana Paco se levanta temprano, se lava la cara y se sienta a la mesa.*

1. Por la mañana me levanto temprano, me lavo la cara y me siento a la mesa.

(Mi hermano y yo) _____

_____

(Las niñas) _____

_____

(Tú) _____

_____

(Elena) _____

_____

(Yo) _____

_____

2. Cuando Pepe se pasea por el parque, se queda mucho tiempo y se divierte mucho.

(yo) _____

_____

(Ramón) _____

_____

(Alberto y Gonzalo) _____

_____

(tú) _____

_____

(Ana y yo) _____

_____

**D.** Answer the following questions with true answers. Remember to change the reflexive pronoun whenever you change the verb forms.

MODELOS: ¿Cómo te llamas?  *Me llamo Marcos.*

¿A qué hora se levanta Paco?  *Paco se levanta a las siete.*

¿Dónde se quedan Uds. todo el día?  *Nos quedamos en la escuela.*

1. ¿Cómo te llamas? _____
2. ¿Cómo se llama tu amigo (-a)? _____
3. ¿A qué hora se levantan tus padres? _____

4. ¿A qué hora te acuestas? _____

5. ¿Qué se ponen Uds. cuando van a la escuela? _____

_____

II. **A.** You have learned that the reflexive pronouns precede the verb forms. When used with infinitives, the reflexive pronouns are attached to the verb.

For example:  Las niñas *se lavan*.       Las niñas van a *lavarse*.
              *Me acuesto* a las diez.   Voy a *acostarme* a las diez.

Using the models as a guide, fill in the blanks with the infinitive and the appropriate reflexive pronoun.

MODELOS:  (sentarse)   Pablo va a **sentarse**. — Paul is going to sit down.

          (lavarse)    Tengo que **lavarme**. — I have to wash (myself).

          (quedarse)   ¿Quieres **quedarte**? — Do you want to stay?

1. (levantarse)  ¿Piensas _____ a las seis?

2. (acostarse)   Tengo que _____ temprano.

3. (lavarse)     El niño puede _____ la cara.

4. (divertirse)  Esperamos _____ en la fiesta.

5. (pasearse)    ¿Quieres _____ por el parque?

6. (ponerse)     Voy a _____ un suéter.

7. (quedarse)    ¿Piensa Ud. _____ aquí?

8. (quitarse)    Los señores acaban de _____ los sombreros.

9. (divertirse)  Deseamos _____ en la playa.

10. (sentarse)   Las muchachas prefieren _____.

**B.** Follow the patterns in the models, and complete the following sentences. Make certain to write the infinitive form of the verb used in each sentence, as well as the correct form of *ir* or *tener*.

1. MODELOS:

Hoy no me paseo por el parque, pero *voy a pasearme mañana.*
Hoy José no se queda en la casa, pero *va a quedarse en la casa mañana.*

a. Hoy los alumnos no se quedan en la clase, pero _____

b. Hoy no nos acostamos tarde, pero _____

c. Hoy no te diviertas mucho, pero _____

d. Hoy Antonio no se pasea por la plaza, pero _____

e. Hoy no me levanto temprano, pero _____

2. MODELOS:

Antonio no se lava ahora; *tiene que lavarse más tarde.*

No te pones el suéter ahora; *tienes que ponerte el suéter más tarde.*

a. La niña no se acuesta ahora; _____

b. No me quito el sombrero ahora; _____

c. Uds. no se pasean por el parque ahora; _____

d. No te lavas el pelo ahora; _____

e. No nos ponemos las chaquetas ahora; _____

**III. A.** The reflexive pronoun is missing in each of the following sentences. Decide where the pronoun belongs, and write it in the appropriate place; before or after the verb.

MODELOS: *Me* quito _____ el sombrero.

Paco va a _____ quitar *Se* el sombrero.

1. Esperamos _____ divertir _____ mucho en la fiesta.

2. ¿_____ levantas _____ temprano?

3. Los alumnos _____ quedan _____ en la escuela.

4. La niña _____ lava _____ la cara.

5. _____ llamo _____ Alicia.

6. ¿Vas a _____ levantar _____ temprano?

7. Los muchachos quieren _____ quitar _____ los sombreros.

8. Tengo que _____ sentar _____ a la mesa.

9. El niño no sabe _____ lavar _____ el pelo.

10. _____ paseamos _____ por el parque.

**B.** Rewrite the following words in the correct order to form a sentence.

MODELOS: cara/se/Paco/la/lava

*Paco se lava la cara* .

mucho/la/en/esperamos/fiesta/divertirnos

*Esperamos divertirnos mucho en la fiesta*

1. fiestas/en/te/mucho/diviertas/las

_____

2. pasean/Fernando/parque/Alberto/el/y/se/por

_____

3. mañana/siete/levantarme/a/voy/las/a

_____

4. casa/quedarnos/en/tenemos/la/que

_____

5. los/pone/Enrique/se/camisa/pantalones/la/y

_____

85

## Lección XXI — ¡INFINITIVOS INFINITOS!

GRAMÁTICA:   Verbs used with the infinitive of another verb.

VOCABULARIO:   esperar, desear, tratar de, acabar de, hay que, es necesario, es posible

Review: saber, pensar, querer, preferir, poder, volver a, tener que, ir a, empezar a

I.   A.   You already know how to use the forms of several verbs with another verb in its infinitive form. For example:

Sé hablar español.   — I know how to speak Spanish.
Tengo que estudiar.   — I have to study.
Voy a comprar zapatos. — I am going to buy shoes.

Other verbs which take the infinitive are listed below. They are all regular -ar verbs.

tratar de (to try to)
Trato de estudiar. (I try to study.)

acabar de (to finish)
Acabo de estudiar. (I just finished studying.)

esperar (to hope or expect)
Espero estudiar. (I hope to study. I expect to study.)

desear (to wish or want)
Deseo estudiar. (I want to study.)

Following the model sentences, complete each of the sentences below. Choose the name of a different sport for each sentence.

MODELO:   Trato de jugar al béisbol.

*Deportes*
béisbol
tenis
fútbol
hockey
vólibol
básquetbol
golf

a.   Mis amigos *tratan de jugar al tenis*
b.   Juan *trata de jugar al básquetbol*
c.   Tú *tratas de jugar al vólibol*
d.   Tú y yo *tratamos de jugar al tenis*

1.   Trato de jugar al béisbol.

a.   Mis amigos _____

b.   Juan _____

c.   Tú _____

d.   Tú y yo _____

2.   Acabo de jugar al béisbol.

a.   Tú _____

b.   Ana y yo _____

c.   Tomás _____

d. Los niños _____

3. Espero jugar al beisbol.

    a. Felipe y yo _____

    b. Tú _____

    c. Mi padre _____

    d. Eduardo y Juan _____

4. Deseo jugar al beisbol.

    a. El niño _____

    b. Gonzalo y Tomás _____

    c. Tú _____

    d. Graciela y yo _____

**B.** Complete the following sentences. Make certain that you write the infinitive form of the verb used in each sentence. Each sentence will end with a different infinitive.

1. MODELO: Hoy no estudio pero _trato de estudiar._

    a. Hoy tú no hablas español pero _____

    b. Hoy José no toca el piano pero _____

    c. Hoy Margarita y yo no jugamos al tenis pero _____

    _____

    d. Hoy los niños no leen pero _____

    e. Hoy no trabajo mucho pero _____

2. MODELO: No leo ahora; _acabo de leer._

    a. Tú no bailas ahora; _____

    b. Enrique no juega al futbol ahora; _____

    c. Mi amigo y yo no tocamos la guitarra ahora; _____

    _____

    d. Mis padres no trabajan ahora; _____

    e. No leo ahora; _____

3. MODELO: Alberto no escribe la lección ahora; _espera escribir la lección mañana._

    a. Tú no tocas el violín ahora; _____

    b. No escribo ahora; _____

    c. Carmen no juega al tenis ahora; _____

    d. Mis amigos no comen mucho ahora; _____

    e. Ana y yo no hablamos ahora; _____

4. MODELO: Hoy los niños no van a Chicago pero _desean ir mañana._

    a. Hoy Juan no va a la escuela pero _____

    b. Hoy no compro el vestido pero _____

    c. Hoy tú no estás en casa pero _____

    d. Hoy los muchachos no juegan al futbol pero _____

    _____

    e. Hoy tú y yo no leemos el libro pero _____

    _____

II. Some expressions that take the infinitive are very easy to use because they do not change form. Three of these expressions are listed below:

Hay que (It is necessary to . . .)     Hay que estudiar.
    (It is necessary to study.)

Es posible (It is possible to . . .)     Es posible estudiar.
    (It's possible to study.)

Es necesario (It is necessary to . . .)     Es necesario estudiar.
    (It's necessary to study.)

A. Choose infinitives from the following list and write four different sentences for each expression.

*Infinitivos*

| | | |
|---|---|---|
| jugar al tenis | tocar la guitarra | estudiar mucho |
| comer el desayuno | bailar el tango | estar en la escuela |
| hablar español | trabajar en la casa | comprar zapatos |
| aprender la historia | escribir la lección | |

MODELO: *Hay que*
    _Hay que tocar la guitarra._

1. *Hay que*

    a. _____

    b. _____

    c. _____

    d. _____

2. *Es posible*

    a. _____

    b. _____

    c. _____

    d. _____

3. *Es necesario*

    a. _____

    b. _____

    c. _____

    d. _____

**B.** Complete the following sentences. Follow the models given for each exercise.

1. MODELO: No estudio pero *hay que estudiar.*

    a. Paco no habla español, pero _____

    b. No escribo la lección, pero _____

    c. Tú no trabajas mucho, pero _____

    d. Ud. y yo no tocamos el piano, pero _____

    e. Uds. no están en la escuela, pero _____

2. MODELO: No estudio hoy, pero *es posible estudiar mañana.*

    a. Tú no juegas al fútbol hoy, pero _____

    b. Ud. no compra el sombrero hoy, pero _____

    c. No aprendo la lección hoy, pero _____

    d. Las niñas y yo no trabajamos hoy, pero _____

    e. Mis amigos no cantan hoy, pero _____

3. MODELO: No estudio hoy, pero *es necesario estudiar mañana*

    a. No trabajo hoy, pero _____

    b. Los alumnos no escriben la lección hoy, pero _____

    _____

    c. Mi padre no va a la oficina hoy, pero _____

    d. Tú y yo no jugamos al béisbol hoy, pero _____

    e. Tú no tocas el violín hoy, pero _____

**III. A.** You now know many expressions that may be followed by infinitives. Using these expressions you can say many things in Spanish. Note the many expressions which use the infinitive form of *jugar*.

| | |
|---|---|
| Sé jugar al tenis. | — I know how to play tennis. |
| Tengo que jugar al tenis. | — I have to play tennis. |
| Voy a jugar al tenis. | — I'm going to play tennis. |
| Empiezo a jugar al tenis. | — I'm beginning to play tennis. |
| Pienso jugar al tenis. | — I plan to play tennis. |
| | |
| Quiero jugar al tenis. | — I want to play tennis. |
| Prefiero jugar al tenis. | — I prefer to play tennis. |
| Puedo jugar al tenis. | — I can play tennis. |

| | |
|---|---|
| Vuelvo a jugar al tenis. | — I'm playing tennis again. |
| Trato de jugar al tenis. | — I'm trying to play tennis. |
| | |
| Acabo de jugar al tenis. | — I just finished playing tennis. |
| Espero jugar al tenis. | — I hope (or plan) to play tennis. |
| Deseo jugar al tenis. | — I want to play tennis. |
| Hay que jugar al tenis. | — It's necessary to play tennis. |
| Es necesario jugar al tenis. | — It's necessary to play tennis. |
| Es posible jugar al tenis. | — It's possible to play tennis. |

Note that the subject is omitted with *hay que, es necesario* and *es posible*.

In each section, choose verb expressions from the list and write five different sentences. Use the subject and infinitive you are given.

| | | |
|---|---|---|
| saber | preferir | esperar |
| tener que | poder | desear |
| ir a | volver a | hay que |
| empezar a | tratar de | es necesario |
| pensar | acabar de | es posible |
| querer | | |

MODELO:  (Paco — estudiar)

A.  Paco sabe estudiar.

B.  Paco vuelve a estudiar.

C.  Paco acaba de estudiar.

D.  Paco desea estudiar.

E.  Es necesario estudiar.

1. (Yo — aprender el español)

  a. _____

  b. _____

  c. _____

  d. _____

  e. _____

2. (Tú — trabajar mucho)

  a. _____

  b. _____

  c. _____

  d. _____

  e. _____

3. (Juan — jugar al tenis)

  a. _____

b. _____

c. _____

d. _____

e. _____

4. (Los alumnos — escribir la lección)

    a. _____

    b. _____

    c. _____

    d. _____

    e. _____

5. (Mi amigo y yo — tocar la guitarra)

    a. _____

    b. _____

    c. _____

    d. _____

    e. _____

**B.** Write an original sentence for each verb form in parentheses. You may choose a subject and infinitive phrase from the lists or use any other subjects and phrases you wish. Be as creative as you can!

| Subjects | Infinitive phrases |
|---|---|
| Yo | jugar al tenis |
| Tú | comer el desayuno |
| Pablo | hablar español |
| Ud. y yo | aprender las matemáticas |
| Los niños | escribir la lección |
| | comprar zapatos |
| | bailar el tango |
| | tocar la guitarra |

MODELO: (saben) _Los niños saben hablar español._

1. (tengo que) _____

2. (va a) _____

3. (empiezas) _____

4. (pensamos) _____

5. (quieren) _____

6. (prefiero) _____

7. (puedes) _____

8. (vuelve) _____

9. (tratamos de) _____

10. (acaban de) _____

11. (espero) _____

12. (deseas) _____

13. (hay que) _____

14. (es necesario) _____

15. (es posible) _____

# Lección XXII — ¿TE GUSTA?

GRAMÁTICA: Use of *gustar* and *faltar*: object pronouns

VOCABULARIO: gustar, faltar

**I.** **A.** In order to say that you like something in Spanish, you must say that the thing is pleasing to you. For example, "I like the book" is expressed as "The book is pleasing to me."

Note the forms of *gustar* (to like) below. *Gustar* does not change in form as other verbs do. However, the object pronouns *me, te, le, nos,* and *les* indicate who likes the thing mentioned.

> me gusta — I like
> te gusta — You like (fam.)
> le gusta — He, she, you like
> nos gusta — We like
> les gusta — They, you (pl.) like

Choose items from the list below and write two sentences using each form of *gustar.*

| | |
|---|---|
| la falda | el vestido |
| la blusa | el suéter |
| la camisa | el sombrero |
| la pluma | el libro |
| la clase | el lápiz |

MODELO: *Me gusta*

*Me gusta la falda.*

*Me gusta el vestido.*

1. *Me gusta*

2. *Te gusta*

3. *Le gusta*

4. *Nos gusta*

5. *Les gusta*

**B.** If more than one thing is liked, add *n* to the verb.

> Me gustan los libros. — I like the books.
> Te gustan los libros. — You like the books.
> Le gustan los libros. — He likes the books.
> Nos gustan los libros. — We like the books.
> Les gustan los libros. — They like the books.

Rewrite the following sentences changing *gustar* and the names of the things liked from the singular to the plural forms.

MODELOS:  Me gusta el papel.  _Me gustan los papeles._

Le gusta la casa.  _Le gustan las casas._

1. Te gusta la silla.  _____
2. Le gusta la camisa.  _____
3. Me gusta el perro.  _____
4. Nos gusta el rancho.  _____
5. Te gusta el sombrero.  _____
6. Les gusta la falda.  _____
7. Nos gusta la clase.  _____
8. Me gusta la escuela.  _____
9. Les gusta el patio.  _____
10. Le gusta el zapato.  _____

C. In order to say that you are missing something in Spanish, you must say that the thing is "lacking to you." For example, "I'm missing a book" is expressed as, "A book is lacking to me." *Faltar* is used just like *gustar*. Study the forms below.

Me falta un libro. — (faltan los libros)
I'm missing a book (books).

Te falta un libro. — (faltan los libros)
You're missing a book (books).

Le falta un libro. - (faltan los libros)
He, she, you are missing a book (books).

Nos falta un libro. — (faltan los libros)
We're missing a book (books).

Les falta un libro. — (faltan los libros)
They, you are missing a book (books).

Choose items from the list below and write a sentence using each form of *faltar* that is given.

una pluma       las plumas
un lápiz        los lápices
un libro        los libros
un cuaderno     los cuadernos
un papel        los papeles

MODELOS:  (Les falta)  _Les falta un lápiz._

(Me faltan)  _Me faltan los cuadernos._

1. (Les faltan)_____
2. (Te falta) _____
3. (Nos faltan)_____

94

4. (Me falta) _____

5. (Le falta) _____

6. (Les falta) _____

7. (Me faltan) _____

8. (Le faltan) _____

9. (Te faltan) _____

10. (Nos falta) _____

**D.** Fill in the blanks below with *gusta, gustan, falta,* or *faltan.* Refer to the models.

MODELOS:   (gustar)   Me _gustan_ los pantalones.

               (faltar)    Les _falta_ el papel.

1. (gustar)   Me _____ la falda.

2. (faltar)    Le _____ el libro.

3. (faltar)    Te _____ los lápices.

4. (gustar)   Les _____ los pantalones.

5. (faltar)    Nos _____ los cuadernos.

6. (gustar)   Me _____ los zapatos.

7. (gustar)   Les _____ la camisa.

8. (faltar)    Nos _____ la pluma.

9. (faltar)    Te _____ los papeles.

10. (gustar)  Le _____ el vestido.

**II.**  **A.**  The meanings of *le gusta(n)* and *le falta(n)* as well as *les gusta(n)* and *les falta(n)* may be clarified by adding the phrases listed below.

| *le gusta — le falta* | *les gusta — les falta* |
|---|---|
| a él le gusta (falta) | a ellos les gusta (falta) |
| a ella le gusta (falta) | a ellas les gusta (falta) |
| a Ud. le gusta (falta) | a Uds. les gusta (falta) |
| a Juan le gusta (falta) | a los muchachos les gusta (falta) |

Extra emphasis may be given to *me gusta, te gusta* or *nos gusta* by adding the following.

A mí me gusta.
A ti te gusta.
A nosotros nos gusta.

These clarifying phrases may be added before or after *gustar* or *faltar.*

A Ud. le gusta.    or    Le gusta a Ud.
A Juan le falta.   or    Le falta a Juan.

The use of a phrase like *a Ud.* is optional but an object pronoun (*me, te, le, nos* or *les*) must always be used.

Expand the following sentences by choosing a phrase from the list. Remember that the phrase you choose must agree with the object pronoun.

| | |
|---|---|
| a mí | a nosotros |
| a ti | a Paco y yo |
| a él | a ellos |
| a ella | a ellas |
| a Ud. | a Uds. |
| a Elena | a los muchachos |

MODELOS: Me gusta la falda.     *A mí me gusta la falda.*
         Le gustan los libros.  *A Elena le gustan los libros.*

1. Me gusta la clase. _____
2. Nos gusta la falda. _____
3. Le faltan los libros. _____
4. Les gustan los zapatos. _____
5. Te falta tiempo. _____
6. Le gusta el vestido. _____
7. Me faltan las plumas. _____
8. Nos faltan los lápices. _____
9. Les falta el cuaderno. _____
10. Te gustan los pantalones. _____

**B.** Fill in the blanks below with the correct object pronoun (*me, te, le, nos,* or *les*).

MODELO: ¿A Juan *le* gusta?

1. ¿A Juanita y Elena _____ gusta?
2. ¿A mí _____ falta?
3. ¿A Uds. _____ gustan?
4. ¿A él _____ faltan?
5. ¿A ti _____ gusta?
6. ¿A ellos _____ falta?
7. ¿A Eduardo y yo _____ gustan?
8. ¿A él _____ faltan?
9. ¿A Tomás _____ gusta?
10. ¿A Ud. _____ falta?

**III. A.** To say that you like to do something, use the correct form of *gustar* and the infinitive form of the verb.

Me gusta cantar.                    — I like to sing.
A Juan le gusta jugar al futbol. — John likes to play football.

96

Write two different sentences for each form of *gustar*. Choose infinitive phrases from the list or write your own.

| | |
|---|---|
| leer libros interesantes | ir a la playa |
| hablar español | comprar la ropa |
| comer tacos | jugar al tenis |
| tocar el piano | bailar el tango |
| cantar canciones mexicanas | nadar en el lago |

MODELO: *Me gusta*

*Me gusta cantar canciones mexicanas.*
*Me gusta bailar el tango.*

1. *Me gusta*

_____

_____

2. *Te gusta*

_____

_____

3. *Le gusta*

_____

_____

4. *Nos gusta*

_____

_____

5. *Les gusta*

_____

_____

**B.** Answer the following questions. Refer to the sketches for the answer.

**cantar**

**comer mucho**

**bailar el tango**

**jugar al béisbol**

**tocar la guitarra**

MODELOS: ¿Qué le gusta hacer a Juan?

*Le gusta tocar la guitarra*.

¿Qué te gusta hacer?

*Me gusta cantar*.

¿Qué les gusta hacer a Uds.?

*Nos gusta jugar al béisbol*.

1. ¿Qué le gusta hacer a José? _____.

2. ¿Qué te gusta hacer? _____

3. ¿Qué les gusta hacer a Uds.? _____

4. ¿Qué les gusta hacer a los muchachos? _____

5. ¿Qué le gusta hacer a ella? _____